U0505628

"十三五"国家重点出版物出版规划项目

 转型时代的中国财经战略论丛 ◢

中国企业
跨国并购融资约束问题研究

庄媛媛　著

中国财经出版传媒集团

经济科学出版社
Economic Science Press

图书在版编目（CIP）数据

中国企业跨国并购融资约束问题研究/庄媛媛著 . —北京：
经济科学出版社，2020. 11
（转型时代的中国财经战略论丛）
ISBN 978 - 7 - 5218 - 1964 - 9

Ⅰ. ①中… Ⅱ. ①庄… Ⅲ. ①企业兼并 - 跨国兼并 -
企业融资 - 研究 - 中国 Ⅳ. ①F279. 214

中国版本图书馆 CIP 数据核字（2020）第 195573 号

责任编辑：于海汛 冯 蓉
责任校对：王肖楠
责任印制：李 鹏 范 艳

中国企业跨国并购融资约束问题研究

庄媛媛 著

经济科学出版社出版、发行 新华书店经销
社址：北京市海淀区阜成路甲 28 号 邮编：100142
总编部电话：010 - 88191217 发行部电话：010 - 88191522
网址：www. esp. com. cn
电子邮箱：esp@ esp. com. cn
天猫网店：经济科学出版社旗舰店
网址：http://jjkxcbs. tmall. com
北京季蜂印刷有限公司印装
710×1000 16 开 10 印张 160000 字
2020 年 12 月第 1 版 2020 年 12 月第 1 次印刷
ISBN 978 - 7 - 5218 - 1964 - 9 定价：45. 00 元
（图书出现印装问题，本社负责调换。电话：010 - 88191510）
（版权所有 侵权必究 打击盗版 举报热线：010 - 88191661
QQ：2242791300 营销中心电话：010 - 88191537
电子邮箱：dbts@ esp. com. cn）

总　序

山东财经大学《转型时代的中国财经战略论丛》（以下简称《论丛》）系列学术专著是"'十三五'国家重点出版物出版规划项目"，是山东财经大学与经济科学出版社合作推出的系列学术专著。

山东财经大学是一所办学历史悠久、办学规模较大、办学特色鲜明，以经济学科和管理学科为主，兼有文学、法学、理学、工学、教育学、艺术学八大学科门类，在国内外具有较高声誉和知名度的财经类大学。学校于 2011 年 7 月 4 日由原山东经济学院和原山东财政学院合并组建而成，2012 年 6 月 9 日正式揭牌。2012 年 8 月 23 日，财政部、教育部、山东省人民政府在济南签署了共同建设山东财经大学的协议。2013 年 7 月，经国务院学位委员会批准，学校获得博士学位授予权。2013 年 12 月，学校入选山东省"省部共建人才培养特色名校立项建设单位"。

党的十九大以来，学校科研整体水平得到较大跃升，教师从事科学研究的能动性显著增强，科研体制机制改革更加深入。近三年来，全校共获批国家级项目 103 项，教育部及其他省部级课题 311 项。学校参与了国家级协同创新平台中国财政发展 2011 协同创新中心、中国会计发展 2011 协同创新中心，承担建设各类省部级以上平台 29 个。学校高度重视服务地方经济社会发展，立足山东、面向全国，主动对接"一带一路"、新旧动能转换、乡村振兴等国家及区域重大发展战略，建立和完善科研科技创新体系，通过政产学研用的创新合作，以政府、企业和区域经济发展需求为导向，采取多种形式，充分发挥专业学科和人才优势为政府和地方经济社会建设服务，每年签订横向委托项目 100 余项。学校的发展为教师从事科学研究提供了广阔的平台，创造了良好的学术生态。

习近平总书记在全国教育大会上的重要讲话，从党和国家事业发展全局的战略高度，对新时代教育工作进行了全面、系统、深入的阐述和部署，为我们的科研工作提供了根本遵循和行动指南。习近平总书记在庆祝改革开放 40 周年大会上的重要讲话，发出了新时代改革开放再出发的宣言书和动员令，更是对高校的发展提出了新的目标要求。在此背景下，《论丛》集中反映了我校学术前沿水平、体现相关领域高水准的创新成果，《论丛》的出版能够更好地服务我校一流学科建设，展现我校"特色名校工程"建设成效和进展。同时，《论丛》的出版也有助于鼓励我校广大教师潜心治学，扎实研究，充分发挥优秀成果和优秀人才的示范引领作用，推进学科体系、学术观点、科研方法创新，推动我校科学研究事业进一步繁荣发展。

伴随着中国经济改革和发展的进程，我们期待着山东财经大学有更多更好的学术成果问世。

山东财经大学校长

2018 年 12 月 28 日

前　言

　　跨国并购作为企业国际化的路径之一，有其显著的优势，例如有利于企业快速进入东道国市场，节省投资时间；有利于企业购买优质资产，充分利用被并购企业的先进管理经验；有利于扩大企业品牌知名度与市场份额等。跨国并购的独特优势是中国企业积极寻求跨国并购机遇的原因，也是中国政府稳步推进"走出去"战略的缘由。企业跨国并购作为中国实施"走出去"战略的重要组成部分，跨国并购的可持续发展具有重要的战略意义。自 2001 年中国实施"走出去"战略以来，中国跨国并购飞速发展，交易规模和交易数量屡创新高。但是，值得注意的是，企业普遍认为融资困难是妨碍企业"走出去"进行对外直接投资或跨国并购的重要因素。在中国资本市场不发达的情况下，企业进行跨国并购使用债券和股票融资等还有诸多限制和审批程序，企业进行跨国并购的融资来源比较单一，国有企业进行跨国并购的融资来源主要为自有资金和银行贷款，私营企业进行跨国并购的融资来源主要为自有资金。可见，在中国目前滞后的融资体系下，融资约束或许是影响中国企业进行跨国并购的重要因素。

　　理论上，以梅里兹（Melitz，2003）为代表的新新贸易理论提出生产率的高低是决定企业能否对外直接投资的重要因素，生产率最高的企业对外直接投资才有利可图，生产率次高的企业选择出口是最优决策，而生产率最低的企业只能定位于国内市场。但是，梅里兹的理论是假设企业不存在融资约束的，然而并不是所有企业的投资决策都能得到充足的资金支持。事实上，企业是存在融资约束问题的。而后布赫等（Buch et al.，2010）扩展了梅里兹（2003）的理论，认为企业进行对外直接投资，无论是新建工厂还是并购企业，不仅要跨过生产率的门槛，还必须克服融资约束的困难。中国企业的生产率自改革开放以来增长迅速，生产率是决定企业对外直接投资的重要因素已在实证研究中得到证实。

因此，我们可以基于企业融资理论中资本市场不完全的假设及布赫等（2010）扩展的异质性企业贸易理论模型，明确融资约束对中国企业跨国并购的重要影响，从而为促进中国企业跨国并购的可持续发展提供充分的实证支撑。

根据本书的研究思路，全书共分为六章，具体安排如下：

第1章为导论，主要阐述了研究中国跨国并购企业融资约束问题的选题背景、本书的主要研究内容与研究意义、研究思路与结构安排、所采用的研究方法及可能的创新之处。

第2章为文献综述，首先界定了跨国并购、融资约束及金融发展的概念，其次对融资约束与跨国并购、融资约束与金融发展及金融发展与跨国并购三个维度的国内外研究文献进行了梳理。

第3章为融资约束对跨国并购的影响，通过借鉴布赫等（2010）的模型，基于对 BVD－Zephyr 跨国并购企业数据库和中国工业企业数据库进行逐一匹配组成的多维数据库，通过构建 Probit 及 Poisson 回归模型，将融资约束纳入企业跨国并购决策的分析中，主要考察了外源融资约束对企业跨国并购连续并购、首次并购及并购次数的影响，并根据企业的所有制性质及行业类型进一步展开研究。研究结论表明：外源融资约束对企业连续并购、首次跨国并购及并购次数都有显著的影响，而且对首次跨国并购的影响要更为明显；外源融资约束显著抑制了私营企业的跨国并购，而对国有企业和外资企业的跨国并购并没有显著的影响；机械业和冶炼业是受到外源融资约束程度比较高的行业。

第4章为金融发展对跨国并购的影响，在第3章原有数据的基础上纳入省份金融发展指标的数据，借鉴梅里兹（2003），巴克（Beck，2003）及布赫等（2010）等人的已有研究，我们将金融发展及融资约束因素纳入企业跨国并购决策的分析中，通过构建 Probit 回归模型，检验了金融发展三个维度（金融规模、金融结构及金融效率）通过缓解外源融资约束的路径对跨国并购的促进作用。首先实证检验了金融发展对企业跨国并购的影响，以预先判断金融发展对企业跨国并购正影响效应的存在，然后我们分析了金融发展同外源融资约束交叉项对企业跨国并购的影响，以验证金融发展通过缓解外源融资约束的路径对跨国并购的促进作用，最后就金融发展通过缓解外源融资约束路径从而促进企业进行跨国并购的机制进行了更细致的扩展性研究，这包括分所有制研究、分行业研究、分生产率研究、分规模研究及分外源融资依赖度研究。研究结论表明：金融规模的扩张、金融结构的优化以及金融效率的提高将显著缓解企业面临的外源融资约束从而提高企业进行跨国并购的可能性；金融体系三个维度的发展，均可以缓解国有企业及私营企业面临的外源融资约束从而对跨国并购有显著的促进作用，而对外资企业外源融资约束的缓解没有显著的影响；金融体系三个维度的发展均可以缓解机械业及冶炼业面临的外源融资约束从而对其跨国并购有显著的促进作用，而对化工业和轻工业外源融资约束的缓解没有显著的影响；金融体系三个维度的发展随着企业生产率的提高或规模的扩大对外源融资约束的缓解程度越高，从而能显著提高其进行跨国并购的可能性；金融体系三个维度的发展，都对高外源融资依赖度行业的外源融资约束缓解作用更强，对其跨国并购的可行性影响最大。

第5章为中国企业跨国并购融资案例，选取了具有代表性的三家企业进行案例分析，即光明食品集团收购英国维他麦的案例、联想集团并购IBM PC业务的案例以及吉利控股并购沃尔沃的案例，并从企业微观视角出发分析了三家企业进行跨国并购中采用的缓解信贷融资约束的融资方式，以总结成功融资的经验供后来企业借鉴。

第6章为结论、政策启示与研究展望，本章根据上述几章的研究概述了本书的主要结论，并从政府和企业两个层面提出了缓解跨国并购企业融资约束的政策建议。政府层面的建议包括完善多层次金融市场体系、构建多层次政策性金融支持体系及放宽跨国并购融资的政策限制三个方面；企业层面的建议包括合理构建内部资本市场、搭建多层次企业战略联盟、充分利用境外融资平台、积极寻求地方政府融资支持及灵活运用多种融资方式五个方面。

目 录

第1章 导　论

1.1　选题背景

自 2001 年中国实施"走出去"战略以来，中国跨国并购飞速发展，交易规模和交易数量屡创新高。跨国并购件数由 20 世纪 90 年代的个位数上升至 2018 年的 460 件，并购金额由 13.4 亿美元提升至 710 多亿美元，跨国并购实现了跨越式的增长①。跨国并购作为企业国际化的路径之一，有其显著的优势，例如有利于企业快速进入东道国市场，节省投资时间；有利于企业购买优质资产，充分利用被并购企业的先进管理经验；有利于扩大企业品牌知名度与市场份额等。跨国并购的独特优势是中国企业积极寻求跨国并购机遇的原因，也是中国政府稳步推进"走出去"战略的缘由。

那么，中国企业跨国并购能实现可持续的增长吗？理论上，以梅里兹（2003）为代表的新新贸易理论提出生产率的高低是决定企业能否对外直接投资的重要因素，生产率最高的企业对外直接投资才有利可图，生产率次高的企业选择出口是最优决策，而生产率最低的企业只能定位于国内市场。但是，梅里兹的理论是假设企业不存在融资约束的，但实际上并不是所有企业的投资决策都能得到充足的资金支持。事实上，企业是存在融资约束问题的。2009 年金融危机引发的资金短缺问题被认为是全球贸易急剧下降的重要原因之一（Amiti and Weinstein, 2011）。中国企业也面临着融资约束问题，世界银行的 1999～2002 年世

---

① 资料来源：联合国贸发会议发布的《2019 年世界投资报告》，并购交易件数为净交易件数，并购金额为净并购金额。

界商业环境调查（World Business Environment Survey）以及1999年、2002年的投资环境评估调查（Investment Climate Assessment Surveys）都表明中国是融资环境最差的国家之一（Claessens and Tzioumis，2006）。而且中国的金融发展水平也比较低，2011～2012年世界经济论坛发布的全球竞争力报告显示，中国的综合竞争力位居第26位，金融市场发展水平位居第48位，金融服务便利程度位居第60位。同时中国也存在比较明显的信贷歧视问题，《中国地区金融生态环境评价（2008－2009）》表明中国民营企业所遭受的信贷歧视及融资渠道不畅问题是无法回避的，例如2009年第一季度大部分新增贷款流向了占据垄断地位的国有企业，中小企业的融资状况并未得到显著缓解。

而后布赫等（2010）扩展了梅里兹（2003）的理论，认为企业进行对外直接投资，无论是新建工厂还是并购企业，不仅要跨过生产率的门槛，还必须克服融资约束的困难。中国企业的生产率自改革开放以来增长迅速，生产率是决定企业对外直接投资的重要因素已在实证研究中得到证实。田巍和余淼杰（2012）通过使用2006～2008年浙江省工业企业的面板数据，检验了对外直接投资同企业生产率的关系，发现企业的生产率同对外直接投资的可能性及对外直接投资量呈显著正相关关系。陈恩等（2012）考察了2003～2009年对外直接投资存量位列前十的省（区、市）的生产率同对外直接投资的关系，也发现生产率对OFDI有显著的促进作用。韩剑（2015）将对外直接投资分为垂直型和水平型，采用2005～2007年中国工业企业的数据，实证检验了OFDI存在的生产率门槛，即对外资投资企业的生产率的确明显高于无对外投资行为的企业，且水平型对外投资的生产率门槛要高于垂直型的门槛。王方方和赵永亮（2012）使用广东省工业企业的数据，验证了企业生产率越高，对外直接投资可能性越大且对外投资东道国的数量越多。汤晓军和张进铭（2013）选取了2010年中国制造业百强企业的对外直接投资数据，同样证实了生产率是推动中国OFDI增长的因素。但是这些研究并未考虑融资约束对对外直接投资的影响。

目前学术界关于融资约束对企业国际化路径的影响主要集中在出口方面，对对外直接投资的研究尚处于起步阶段，更是鲜有对中国企业跨国并购融资能力的研究。值得注意的是，跨国并购作为中国企业对外直接投资的重要方式，需要具备更强的融资能力，在中国目前滞后的融资体系下，融资约束或许是影响中国企业跨国并购的重要因素。中国国际贸易促进委员会于 2010 年，即中国实施"走出去"战略第 10 年，发布了《中国企业对外投资现状及意向调查报告》，报告显示企业普遍认为融资困难是妨碍企业"走出去"的重要因素。新华网的调查也表明融资渠道不畅是制约企业海外投资活动的瓶颈①。在中国资本市场不发达的情况下，作为跨国并购主体的国有企业，主要融资方式为内源融资方式中的自有资金以及外源融资方式中的银行贷款，而在跨国并购中数量逐渐增多的私营企业的主要融资方式为自有资金，私营企业跨国并购融资难问题已成为抑制其参与全球市场竞争的主要障碍（江乾坤，2015）。时隔 9 年，根据中国贸促会 2019 年发布的《中国企业对外投资现状及意向调查报告》，72.9% 的企业对外投资的主要融资来源仍是自有资本，只有 16.3% 的企业获得过相关金融机构的支持，39.7% 的企业表示资金周转困难，43.9% 的企业在对政府部门的诉求中表示应加大对外投资信贷支持。

基于如上中国跨国并购快速增长的现实背景以及布赫等（2010）为代表的异质性企业贸易理论发展的理论背景，实证检验中国企业跨国并购决策是否受到融资约束的影响，以及探索如果融资约束问题存在，研究如何缓解融资约束从而促进企业跨国并购的可持续发展是重要的。

1.2 研究内容与意义

1.2.1 研究内容

本书的研究内容主要分为三个方面：

第一，研究融资约束对中国企业跨国并购行为的影响。首先，对

---

① 王凯蕾，武卫红. 透视走出去企业融资困境：去海外何时不再自带干粮？［EB/OL］. (2015 – 10 – 16)［2015 – 11 – 15］http：//news. xinhuanet. com/local/2015 – 10/16/c_1116838801. htm.

内源融资约束、商业融资约束及外源融资约束对企业跨国并购决策的影响进行检验，明确融资约束的来源。在此基础之上，我们主要分析外源融资约束对企业跨国并购行为的影响，这包括对企业连续并购、首次并购及并购次数三种类型跨国并购行为的研究。其次，根据企业的所有制性质及行业类型进行了进一步的扩展研究，探索外源融资约束对企业跨国并购行为的影响，是否会因企业所有制差异及行业特征而存在不同。

第二，研究金融发展对中国企业跨国并购行为的影响。首先，将金融发展及融资约束因素纳入企业跨国并购决策的分析中，检验金融发展对企业跨国并购的直接影响，以预先判断金融发展对企业跨国并购正影响效应的存在。其次，分析金融发展同外源融资约束交叉项对企业跨国并购的影响，以验证金融发展通过缓解外源融资约束的路径对跨国并购的促进作用。最后，对金融发展通过缓解外源融资约束路径从而促进企业进行跨国并购的机制进行了更细致的扩展性研究，这包括行业异质性层面的分行业研究及分外源融资依赖度研究；企业异质性层面的分所有制研究、分生产率研究以及分规模研究。

第三，分析中国企业跨国并购融资案例作为补充研究。本部分从企业微观视角出发以案例的形式分析实际企业进行跨国并购中采用的缓解信贷融资约束的融资方式，以与金融发展从宏观层面缓解融资约束的研究相对应。具体选取了具有代表性的三家企业进行案例分析，即光明食品集团收购英国维他麦的案例、联想集团并购 IBM PC 业务的案例以及吉利控股并购沃尔沃的案例。

1.2.2 研究意义

1.2.2.1 理论意义

第一，本书的研究检验了融资约束对企业跨国并购的影响，验证了布赫等（2010）及布赫等（2014）将融资约束加入异质性企业模型中得出的研究结论，即除了生产率以外，融资约束也是影响企业跨国并购决策（对外直接投资决策）的重要因素。这为融资约束是影响企业跨国并购重要因素的结论提供了中国的微观证据。而且本书将企业跨国并购决策行为进行了更细致的分类，分别研究了融资约束对企业连续并购、首次并购及并购次数这三种类型跨国并购行为的影响。另外，本书根据企业的所有制性质及行业类型进行了进一步的扩展研究，探索外源融资约束对企业跨国并购行为的影响，是否会因企业所有制差异及行业特征而存在不同。这丰富了对企业跨国并购行为微观层面的研究。

第二，本书的研究明确了金融发展通过缓解融资约束的路径促进企业跨国并购发展的微观机制。已有研究中关于金融发展对跨国并购影响的文献还较少，且多集中于金融发展对多国之间双边跨国并购流动的影响，本书的研究丰富了金融发展对企业微观层面跨国并购的影响。而且，本书还对金融发展通过缓解外源融资约束路径从而促进企业进行跨国并购的机制进行了更细致的扩展性研究，这包括行业异质性层面的分行业研究及分外源融资依赖度研究；企业异质性层面的分所有制研究、分生产率研究以及分规模研究。这验证了金融发展对企业其他国际化路径（出口和对外直接投资）的影响由于企业异质性及行业异质性的存在，影响程度会有所不同，此研究结论同样适用于金融发展对企业跨国并购行为的影响。

1.2.2.2　现实意义

第一，本书基于布赫等（2010）及布赫等（2014）的理论模型验证了融资约束对中国企业跨国并购的抑制作用，而且研究结论显示，私营企业相比国有企业和外资企业受到更严重的融资约束。这与现实中的中国企业面临的跨国并购融资难，私营企业融资更难的现状相对应。这为现实中重视融资约束对企业跨国并购的影响，缓解企业跨国并购的融资困境，尤其是私营企业的融资困境提供了实证支撑。

第二，本书实证检验了金融发展通过缓解外源融资约束路径从而促进企业进行跨国并购的机制。这意味着金融规模的扩张、金融结构的优化以及金融效率的提高将显著的提高企业进行跨国并购的可能性。实证研究还进一步发现，金融发展对私营企业融资约束的缓解作用最大，从而对企业跨国并购决策的影响最大；金融发展对企业融资约束的缓解程度会因企业生产率、企业规模及企业所在行业外源融资依赖度的不同而有所区别。这为现实中如何解决企业跨国并购中面临的融资约束问题提供了实证支持及解决思路，即应当从扩大金融规模、优化金融结构及提高金融效率三个方面来提升中国的金融发展水平，并应当消除对私营企业的信贷所有制歧视，加大对私营企业、具有竞争优势的高生产率企业及高外源融资依赖度行业的融资支持。

第三，本书从企业微观视角出发以案例的形式分析了实际企业进行跨国并购中采用的缓解信贷融资约束的融资方式，以与金融发展从宏观层面缓解融资约束的研究相对应。对光明食品集团收购英国维他麦的案例、联想集团并购 IBM PC 业务的案例以及吉利控股并购沃尔沃的案例的分析有助于以后进行跨国并购的企业知悉该如何成功突破外源融资约束，获得并购融资并得以顺利并购国外企业。

1.3 研究思路与结构安排

本书的研究思路为：首先基于中国企业跨国并购快速发展但融资难的现状，结合布赫等（2010）对异质性贸易理论模型的扩展，提出了本书的研究问题，即融资约束是否如布赫等（2010）的研究一样会对中国企业的跨国并购行为产生阻碍作用。之后通过对本书依据的企业融资理论中市场不完全的研究假设及布赫等（2010）扩展后的异质性贸易理论模型的分析，本书实证检验了融资约束对企业跨国并购行为的影响。在验证了融资约束对企业跨国并购行为的抑制效应之后，本书从金融发展的角度讨论了缓解企业融资约束的问题，并对金融发展通过缓解外源融资约束路径从而促进企业进行跨国并购的机制进行了实证检验。然而金融发展缓解融资约束促进跨国并购发展仅侧重于国家政策层面的宏观研究，于是本书又从企业微观视角出发，以案例的形式分析实际企业进行跨国并购中采用的缓解信贷融资约束的融资方式。最后，本书分别从政府层面和企业层面提出了缓解企业融资难问题的政策建议。

本书的结构路线如图 1-1 所示。

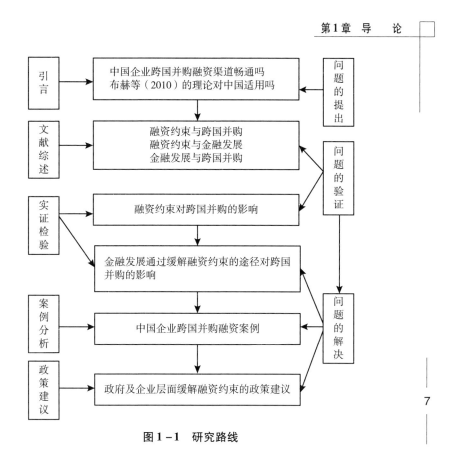

图1-1 研究路线

7

1.4 研 究 方 法

本书所采用的研究方法主要包括:

(1) 归纳分析法。对关于融资约束与跨国并购、融资约束与金融发展以及金融发展与跨国并购的文献进行梳理时,采用了归纳分析的研究方法,以对现有文献进行梳理,归纳出文献的发展脉络,寻求本研究主题可进展的空间。

(2) 定性与定量分析相结合的方法。本书在第3章及第4章关于融资约束对跨国并购的影响及金融发展对跨国并购的影响的研究中采用了定性与定量分析相结合的方法,首先在对样本数据指标进行统计描述后,通过定性分析跨国并购企业样本与非跨国并购企业样本在主要解释变量间的差别,可以推测主要解释变量对企业跨国并购决策的影响;其次，对样本数据更为严谨的计量回归检验属于定量分析，可以得出融资约束对跨国并购的影响以及金融发展对跨国并购的影响的更为可靠稳健的结论。

（3）比较分析法。本书在第 4 章关于金融发展对跨国并购的影响的研究中运用了比较分析法，书中将金融发展划分为金融规模、金融结构及金融效率三个维度，在具体的实证研究当中，金融规模指标、金融结构指标及金融效率指标对不同特征企业的融资约束缓解程度从而对跨国并购的影响程度有所不同，例如就不同所有制的企业而言，金融效率指标对私营企业的影响程度最大，金融结构指标对国有企业的影响程度最大，对不同金融发展指标对不同所有制企业影响程度的差异进行对比分析并探究背后可能的原因可以得出有意义的结论。

（4）宏微观结合的方法。本书在第 4 章关于金融发展对跨国并购的影响的研究中，既使用了 BVD – Zephyr 跨国并购企业数据库及中国工业企业数据库中的企业层面的微观数据，又使用了宏观省份层面的金融发展数据，将三者进行匹配，构建了包含企业并购年份，并购金额，并购国家，企业基本生产经营、财务信息等微观数据及省份金融发展指标等宏观数据的多维数据库。因此，在基于此数据库的实证研究中，我们既考察了企业微观经济变量（企业外源融资约束指标、全要素生产率、资本密集度、企业成立年限、企业从业人数、企业工资水平及企业是否出口）对跨国并购的影响结果，又探索了金融规模指标、金融结构指标及金融效率指标作为省份层面宏观经济变量对跨国并购的影响。

1.5 研究创新之处

与以往的研究相比，本书可能的创新之处在于：

（1）以往对中国企业跨国并购融资约束问题的研究，多以现状描述性分析及案例研究为主，并没有在实证上进行验证。本书使用中国制造业企业跨国并购的微观数据，基于扩展后的异质性企业贸易理论模型，对融资约束对企业跨国并购的影响进行了微观层面的实证检验，并进一步作出了分行业及分所有制的差别研究。

（2）在金融发展对跨国并购的研究中，以往文献多采用跨国数据，检验双边跨国并购的流动情况，侧重于国家宏观层面金融发展对跨国并购的影响的测度。本书将金融发展对跨国并购的影响采用宏微观相结合的方式，金融发展宏观层面的数据不是国家数据而是具体到省份，微观层面的数据即为进行跨国并购的企业个体的数据。因此，本书的研究侧重一国内部企业的跨国并购行为，同时本书的研究也验证了金融发展通过舒缓企业融资约束的路径促进企业进行跨国并购的微观机制，并且按照所有制差异、行业外源融资度差异、生产率差异及规模差异作出了更细致的研究。

第 2 章　文　献　综　述

2.1　相关概念的界定

2.1.1　跨国并购

跨国并购（Cross-border M&A）是指跨越国界的兼并与收购，具体是指一国企业（即并购企业）为了实现经营战略等目的，经由一定的渠道和支付手段，通过购买另一国企业（即被并购企业或目标企业）整个资产或部分股份或资产，以对该企业行使全部或部分的控股权（战琪，2003；郭杰和肖善，2004）。按照国际标准，并购企业收购目标企业 10% 及以上的股份或资产即表示并购企业拥有对目标企业的控股权（这与国内并购要求的 51% 及以上的控股权标准有所不同），低于 10% 为证券投资形式并不属于跨国并购的范畴。

2.1.2　融资约束

传统的财务理论认为资本市场是完美的，企业的内部资本和外部资本可以完全替代，企业的投资需求可以完全实现，企业的投资行为并不受制于企业的财务状况（Modigliani and Miller，1958）。融资约束（financing constraints）是指由于资本市场的不完美，即资本市场存在投资者和内部人之间的信息不对称问题及股东与债权人之间的委托代理问题，企业的内部资本和外部资本并不能实现完全替代，企业获取外部资本的成本要高于内部资本，而且即使企业愿意支付高额成本也不能保证能够获得充分的外部资本（Fazzari et al.，1988；Almeida and Campello，2004）。而且内部资本和外部资本成本差异越大，企业受到的融资约束越高（Kaplan and Zingales，1997；Povel and Raith，2004）。因此，企业在存在融资约束的情况下，投资行为并不能完全由投资需求决定，内、外部资本成本的差异容易导致投资不足。

具体而言，跨国并购中的融资约束是指，进行跨国并购活动的企业在资本市场不完全的情况下，无法筹集到跨国并购所需资本。因此，企业无法按企业投资发展需求进行跨国投资（购买海外资产）的活动，该含义也表明了融资约束影响跨国并购的理论机制。

2.1.3 金融发展

戈德史密斯（Goldsmith，1969）最早提出金融结构论，认为金融市场包括三个方面即金融工具、金融机构及金融结构（为前两项之和），将金融发展定义为金融结构的变化。默顿和博迪（Merton and Bodie，1995）认为金融市场的发展也应注重其资源优化配置功能的完善。莱文（Levine，1997）同样认为金融体系资源配置的功能比较重要，同时他提出金融体系也应当发挥聚拢社会闲散基金为储蓄，监管企业对投资资金的使用及控制投资风险等作用。肖（Shaw，1973）和麦金农（Mckinnon，1973）认为金融发展意味着金融市场应完全按照市场机制运作，减少政府干预，使得金融市场价格完全反映市场供需关系。综上，金融发展应该是一个动态的概念，本书中将金融发展界定为金融规模的扩张、金融结构的优化以及金融效率的提升。

2.2 融资约束与跨国并购

2.2.1 融资约束与跨国并购

目前对企业跨国并购行为的研究主要集中于跨国并购的动因

（Boateng et al.，2008；Rui and Yip，2008；Sun et al.，2012）、影响因素（吴静芳和陈俊颖，2005；张建红和周朝鸿，2010；Zhang et al.，2011）及跨国并购绩效分析上（Hemerling et al.，2006；Luedi，2008；张建红等，2010；顾露露和 Robert Reed，2011）。而研究融资约束对跨国并购影响的文献则较少。仅有陈等（Chen et al.，2009）和阿舒尔等（Alshwer et al.，2011）从外源融资视角论证了外源融资对于跨国并购的重要性。陈等（2009）使用1998～2005年9个东亚国家的并购数据，基于企业融资理论中市场不完全的假设，实证检验了融资约束与企业投资之间的关系，研究发现股票市场和债券市场的发展可以改善融资条件，进而促进东亚国家的跨国并购，同时证实了国有企业获取外源融资更为容易。阿舒尔等（2011）使用1985～2007年美国公司的跨国并购数据及财务数据推测出外部融资对于企业并购的重要性。

但是我们可以从关于融资约束影响企业其他国际化路径决策的研究中获取有益的信息。关于融资约束影响企业国际化路径决策的研究，多集中于出口方面，融资约束与出口之间的关系首先在理论上得到了论证。钱尼（Chancy，2005）首次将融资约束引入梅里兹（2003）的异质性企业模型，从企业内源融资约束角度分析，认为具有较多流动性的企业面临较少的融资约束，从而更有可能缓解沉没成本成为出口企业。马诺瓦（Manova，2011）则从外源融资角度进行研究，认为信贷约束严重地阻碍了企业的出口参与，并且金融发展能够影响一国企业出口的集约边际与扩展边际。穆尔斯（Muûls，2008）将外部融资约束纳入钱尼（2005）的模型，从内外融资约束的双重视角进行分析，发现高生产率和低融资约束的企业更有可能出口，而且指出信贷约束主要影响企业出口的扩展边际而不是集约边际。恩格曼等（Engemann et al.，2011）将商业信贷及银行信贷内生于企业出口模型，肯定了这两种外源融资方式对企业出口的促进作用，并认为商业信贷增强了面临融资约束的出口商获取银行信贷的可能性。李和余（Li and Yu，2009）将信贷约束引入梅里兹（2003）的一般均衡模型，证明外部融资约束得到缓解的企业出口可能性更高，其中跨国公司子公司由于得到母公司的资金支持比本土企业更易出口。黄静波和黄小兵（2012）通过将企业发行股票及公司债券进行融资的方式融入梅里兹（2003）的模型，发现融资约束会阻碍企业出口，如果企业通过发行股票进行融资将促使出口增加。

中国学者根据已有理论模型对融资约束与出口之间的关系进行了实证检验,研究结论也证实了融资约束对企业出口的显著抑制作用,并且发现不同所有制企业受到融资约束的程度有所不同。孙灵燕和李荣林(2012)使用世界银行投资环境调查数据,对不同所有制企业出口参与受到的外源融资约束程度进行了分析,研究发现相对于国有企业和外资企业,私营企业出口参与受到的外源融资约束程度更大;阳佳余(2012)基于 2000~2007 年中国工业企业数据库考察了融资约束对企业出口决策和出口规模的影响,结论表明相对于国有企业,私营企业更容易受到信贷市场上的歧视。

关于融资约束影响企业对外直接投资决策的研究也刚刚起步。克莱恩等(Klein et al.,2000)使用日本企业数据和银行数据得出,20 世纪90 年代从日本银行获得融资的困难抑制了日本流向美国的对外直接投资,从而证实了银行业作为融资渠道对对外投资决策的重要性。更多的学者将异质性企业贸易理论对出口决策的研究扩展至对外直接投资决策的分析。布赫等(2010)使用德国工业企业的数据探索了融资约束对企业国际化战略的影响,其发现融资约束对对外直接投资的影响要大于出口,并且融资约束对对外直接投资的集约边际和扩展边际都有负向的抑制作用。布赫等(2014)认为低生产率是阻碍企业海外扩张的重要因素。但是企业也需要外源融资来负担进入国外市场的成本。文章构建了包含融资因素的影响企业对外直接投资的模型,分析了其对对外直接投资决策的影响。我们发现融资约束抑制企业的对外投资决策,同时也发现对外直接投资的数量同东道国的契约执行效率成正比,较差的契约执行效率将抑制 FDI 的流入。研究结论表明高生产率或许是必要的,但并不是海外扩张的先决条件。缓解融资约束同等重要,因为高生产率和大规模的企业的国际战略正受到融资约束的阻碍。刘莉亚(2015)等将企业融资异质性加入对外直接投资决策模型中,在理论上验证了融资约束抑制对外直接投资的作用,并基于 1997~2011 年中国上市企业的数据,对融资约束的抑制效应进行了实证检验,研究表明企业所受融资约束程度越高,对外直接投资的概率越小。吕越和盛斌(2015)构建了探索融资约束同企业国际化路径选择的理论模型,并据此进行了实证检验,发现融资能力最强的企业选择对外直接投资,次强的企业选择出口，最弱的企业选择国内销售。李磊和包群（2015）使用中国工业企业数据库的微观数据同《中国境外投资企业（机构）名录》数据相结合的多维数据库，首次研究了信贷融资能力同中国工业企业对外直接投资的关系，发现企业的融资能力越强，企业进行对外直接投资的概率越大，并且民营工业企业更能从发达的融资体系和完善的融资支持中获益。

综上可见，直接验证融资约束对企业跨国并购影响的文献并不多，而且注重使用国家层面的数据，测算双边国家跨国并购的流向问题，并没有具体到融资约束对微观企业个体跨国并购决策影响的研究。相比之下，融资约束对企业对外直接投资影响的文献开始涌现，得益于布赫等（2010）及布赫等（2014）对研究的推动，具体研究已经从关注并购跨国流向的宏观层面具体到企业个体决策的微观层面。关于融资约束对企业出口行为影响的研究比较丰富，由于异质性贸易理论的发展，融资约束对企业出口行为的研究早已聚焦到企业个体决策的微观层面，而且我们发现不同的融资方式按照优序融资理论的顺序被逐步纳入理论模型当中，内源融资约束、商业信贷约束及外源融资约束对企业的出口决策均有抑制作用，同时融资约束特别是外源融资约束对中国不同所有制企业的影响程度有所不同，民营企业相对外资企业和国有企业受到了更严重的融资约束。因此，借鉴融资约束对企业出口行为影响的研究有助于我们在融资约束对企业跨国并购影响的研究上进一步深入。

2.2.2 融资约束与金融发展

国外学者从金融发展降低资本市场不完全性、提高市场透明度及减少金融摩擦等方面研究了金融发展缓解融资约束的机制。拉詹和津加莱斯（Rajan and Zingales，1998）认为一个国家发达的金融市场可以降低市场不完全性，促进高外源融资依赖度行业的发展。德米尔古克·肯特和马克西莫维奇（Demirgüç-Kunt and Maksimovic，2002）发现一国高度发展的金融市场可以为企业提供完备透明的投融资信息，确保企业可以获得充足的外源资金。克莱森斯和莱文（Claessens and Laeven，2002）基于多国数据的研究也发现金融发展可以降低企业外源融资的获取成本，从而能更好支持高外源融资依赖度企业的发展。勒沃（Love，

14

2003）基于结构投资模型，研究了40多个国家的微观数据，发现金融发展能够通过降低资本市场的信息不对称从而缓解融资约束。巴克（2003）使用56个国家的行业层面及企业层面的数据检验了金融发展同国际贸易的关系，认为金融发展可以减少市场的摩擦，降低企业的融资成本，从而促进高外源融资依赖度企业的对外出口。库拉纳等（Khurana et al.，2006）使用1994~2002年35个国家12782家企业的微观数据验证了金融发展水平的提高可以舒缓由于市场不完善及政府监管不到位导致的企业的融资约束。

国内学者多采用上市公司的数据进行实证研究，也得出了金融发展缓解企业融资约束的结论，并发现对融资约束的缓解程度在不同所有制之间存在明显差异。朱红军等（2006）通过对中国上市公司数据的分析，也证实了金融发展缓解企业融资约束的作用。李斌和江伟（2006）使用2001~2003年沪深证券交易所的上市公司财务数据，考察了金融发展水平对企业债务融资决策的作用，研究结果同样表明金融发展水平的提高可以促进企业规模扩张，缓解企业融资约束，对高外源融资依赖度的企业尤其如此。李增泉等（2008）基于88家在中国证券市场上公开发行股票的民营企业的数据，发现完善金融市场运行的各种机制可以降低企业的债务融资风险。饶华春（2009）通过对2003~2007年上市公司财务数据和投资数据的分析，认为金融发展能够缓解企业的融资约束，并且私营企业融资约束得到缓解的程度远超过国有企业；沈红波等（2010）实证检验了2001~2006年中国制造业企业上市公司的融资约束与金融发展的关系，研究表明不同地区之间因金融发展水平不同，企业所受融资约束也有差异，金融发展程度高的地区，企业所受的融资约束也较低，而且金融发展水平的提高对民营企业融资约束的缓解作用要显著大于国有企业。毛毅（2013）使用世界银行投资环境调查数据也证实了金融发展对出口企业的融资约束有缓解作用，并且这种作用在不同所有制之间存在明显的差异，金融发展能显著缓解私营企业的融资约束，但是却对国有企业和外资企业的融资约束具有负面影响。杨连星等（2015）通过使用中国海关数据和中国工业企业数据，研究了金融发展对出口的影响，认为金融发展水平的提高可以显著缓解融资约束对出口企业的制约。

综上可见，已有研究多通过构建托宾模型、销售加速数模型或欧拉方程模型，基于不完全资本市场的假设，验证了金融发展可以通过减少资本市场的摩擦、提高融资信息的透明度及减低企业融资成本等机制来改善企业外源融资环境，缓解企业面临的外源融资约束。

2.2.3　金融发展与跨国并购

对金融发展是促进跨国并购重要因素的研究还比较有限。已有学者在实证研究中强调了金融因素对跨国并购的激励作用。一些研究从股票市场和债券市场发展的角度研究了金融发展对一国跨国并购流动的影响。瓦斯康塞洛斯和基什（Vasconcellos and Kish, 1998）使用 1982～1994 年间的跨国并购数据利用 Logit 和多元线性回归模型，证实宏观变量尤其是债券市场利息率，汇率，股票价格会影响美国公司同欧洲四国的跨国并购数量及流向①。总体来看，股票市场，债券市场等金融市场愈发达，该国发起跨国并购的概率越大。另一些研究认为制度因素和金融发展同为影响跨国并购流动的重要因素。罗西和沃尔平（Rossi and Volpin, 2004）也指出金融市场发展是跨国并购流动的决定因素，他们发现并购活动在高会计准则和对股东保护程度高的国家更为活跃。乔万尼（Giovanni, 2005）使用 1990～1999 年跨国并购的面板数据集，通过构建包括制度因素和金融变量的引力模型，发现发展程度高的金融市场可以为企业跨境并购投资提供必要的资本，制度因素和金融市场的发展对 M&A 的跨国流动具有显著的推动作用。玄等（Hyun et al., 2010）使用 101 个国家 1989～2005 年的双边跨国并购数据，研究了制度因素，金融深化以及地理因素对跨国并购流动的影响，发现跨国并购的金额取决于东道国制度质量以及母国的金融深化程度，其中母国金融市场的发展程度对国内企业跨国促进作用，对发达国家和发展中国家一样适用。

另有学者验证了金融发展对发展中国家跨国并购的重要作用。卡尔等（Karld et al., 2011）认为与具有相对成熟资本市场的发达国家相比，新兴市场国家资本市场对本国企业跨国并购的融资支持作用较弱。琼瓦尼奇（Jongwanich, 2013）通过构建引力模型，基于 2000～2009 年的双边跨国并购数据，检验了 9 个亚洲发展中国家的金融发展与跨国并

---

① 欧洲四国为德国、意大利、英国和法国。

购的关系，发现信贷融资、股票融资及债券融资三种融资渠道的发展都会提高企业的融资便利性，从而促进跨国并购交易的达成。另外多篇论文中提到了在发展中国家金融市场不发达的情况下，政府支持一直是中国企业对外直接投资的主要驱动因素。中国政府提供的金融支持在企业国际化，尤其在企业并购海外战略资产过程中起到了至关重要的作用（Taylor，2002；Deng，2007；Rui and Yip，2008；Luo et al.，2010）；中国企业通过在国内市场积累和实现合理利润获得了现金来源，但是他们还是不可能在没有其他赞助和金融支持的情况下频繁的进行蕴含风险的跨国并购（Schüler - Zhou and Schüler，2009）。

也有不少学者验证了金融发展对一国企业对外直接投资的重要促进作用。斯托扬（Stoian，2013）提出由于银行改革，利率市场化，债券市场和其他金融机构的发展等形成的金融优势有时可以改变企业对海外投资的预期，这些宏观因素可降低企业进行对外投资的门槛，加快企业走出去的步伐。一些研究也指出了制度及政府支持在金融市场不完善的情况下对 OFDI 的重要影响。王等（Wang et al.，2014）使用 73 个国家 2000~2008 年的面板数据，基于投资发展路径理论和动态门槛模型，使用制度质量作为研究金融发展对对外直接投资影响的门槛，发现当制度质量在一定的区间时，金融发展对对外直接投资的促进作用明显。魏（Wei，2010）也提到政府支持，尤其是金融上的支持是对外直接投资迅速增长的原因之一。

国内学者也对金融发展对对外直接投资的影响进行了实证检验，这些研究起初只集中在多国跨国数据，后来扩展至省级层面数据及企业微观层面数据，从对宏观跨国对外直接投资流动的研究转为对一国企业对外直接投资决策的微观研究，但这些研究都得出了类似的结论，即一国金融发展水平越高，企业受到的融资约束程度越小，从而企业的融资能力越强，企业进行对外直接投资的可能性越大。郭杰和黄保东（2010）使用全球 41 个主要国家 1995~2003 年的跨国数据探讨了一国对外直接投资的影响因素，认为母国经济发展水平、社会总储蓄水平、贸易开放度及金融结构对与对外直接投资具有正向影响。王伟等（2013）采用全球 67 个国家 1990~2009 年的数据，研究了金融发展对海外直接投资的影响，发现金融发展的总量和活跃度对于提高中国的对外直接投资的能力至关重要。黄志勇（2015）利用中国 27 个省市的面板数据检验了金融发展程度与对外直接投资的关系，结果表明，金融发展深度和信贷资金市场化程度对对外直接投资的促进作用十分显著。徐清（2015）通过建立多层线性模型和二元选择模型，基于省份和企业层面的数据实证检验了金融发展、生产率及对外直接投资的关系，认为金融发展可以舒缓企业面临的融资约束，从而促进企业的对外直接投资。

金融发展对企业出口的促进作用的研究已较为丰富。已有学者的研究已经涵盖了金融发展对企业多方面出口行为的影响，包括对出口决策、出口数量、出口贸易伙伴、出口商品结构及出口商品竞争力层面的影响。马诺瓦（2008）使用1980~1997年全球91个国家的数据，验证了金融发展可以提高企业出口的可能性并增加出口贸易量，而且这种促进作用在一国金融脆弱的部门及金融发展程度较低的国家尤其显著。钱和马诺瓦（Chan and Manova，2015）认为金融市场摩擦能够影响出口企业目的地国家的数量，金融市场愈发达的国家拥有的贸易伙伴也愈多，在对金融体系依赖程度高的行业尤其如此。阿米蒂和韦恩斯坦（Amiti and Weinstein，2011）认为金融危机往往伴随着出口的显著下降，银行业的崩溃导致了出口企业融资的短缺，他们使用1990~2010年日本的银行数据及企业数据检验了这种机制，研究证明金融机构的健康状况的确是决定出口的重要因素。钱尼（2011）也指出信贷资源分配不均导致了总体出口水平的下降。贝克尔等（Becker et al.，2011）认为企业出口前需要设计、营销及分配，这些无形的特定行业的投入，企业内源融资常常无法满足，因此发达的金融体系可以为企业出口提供便利，特别是那些出口固定成本比较高的行业，而且金融体系还可以对出口产生动态的影响，金融体系越发达的国家，出口对汇率的变动更为敏感。韩剑和王静（2012）使用中国制造业企业2003~2007年的数据样本验证了融资约束同企业出口的事前效应和事后效应，研究表明银行信贷事前效应为负事后效应为正，说明银行信贷约束对出口有抑制作用，因此改善企业面临的银行信贷环境，提高银行信贷运作效率可拉动出口的增长。埃斯帕诺（Espanol，2007）使用1992年、1996年、1998年及2001年阿根廷1600家工业企业的数据检验了影响企业出口可能性的因素，研究表明特定行业出口固定成本的大小及获得金融市场资源的可能性是影响企业出口决策的决定性因素。

随着研究的深入，国内外学者对金融发展对企业出口的影响进行了更细致的探索，包括了对行业融资依赖度、生产率及所有制层面的差别分析。伯曼和赫里考特（Berman and Héricourt，2010）使用 9 个发展中国家及新兴经济体 5000 家企业的数据，研究了金融因素对企业出口决策及出口数量的影响，研究表明行业融资依赖度及一国的金融发展程度显著放大了企业财务状况对出口行为的影响。贝洛内等（Bellone et al.，2010）发现由于金融市场的不完全，政府可以进行有效干预及融资支持，以促进生产率高但受到融资约束的企业克服进入出口市场所需的沉没成本从而进行国际化经营。陈磊和宋丽丽（2011）基于 1992 ～ 2009 年多个国家的跨国贸易数据，探讨了金融发展对工业企业出口的作用，研究发现金融发展对两国经贸关系的建立及贸易总量均有正向影响，对于外源融资依赖度较高及资产抵押率较低的行业的出口，金融发展的积极推动作用尤为显著。孙灵燕和李荣林（2012）使用世界银行投资环境调查数据，对不同所有制企业出口参与受到的外源融资约束程度进行了分析，研究发现相对于国有企业和外资企业，私营企业出口参与受到的外源融资约束程度更大，因此，他们认为政府应加强金融市场改革，多利用金融手段，简化民营企业贷款及担保手续，从而构建公平的信贷环境，拉动出口的增长。阳佳余（2012）基于 2000 ～ 2007 年中国工业企业数据库考察了融资约束对企业出口决策和出口规模的影响，结论表明相对于国有企业，私营企业更容易受到信贷市场上的歧视，其认为应继续推行金融体系改革，提高金融机构的资源配置效率，从而改善企业融资环境，提高出口竞争力。林玲等（2009）基于 1999 ～ 2006 年省级层面金融发展数据及企业数据，探讨了金融发展对企业出口竞争力的影响，发现目前中国的金融发展水平对出口的促进作用有限，因为国有企业在现有金融体系中的垄断地位导致中小企业及非国有企业获得的融资支持并不充分，因此金融市场结构的改革及金融市场运行效率的提升是出口持续增长的重要因素。朱彤和曹珂（2009）通过测算 2001 ～ 2006 年中国工业企业的外部融资依赖度及构建金融发展综合指标，研究了金融发展对中国出口商品结构的影响，结论表明金融机构规模的扩大及金融体系结构的调整对出口商品结构具有显著的正向影响，但金融效率还未发现对出口商品结构有显著的作用。孙灵燕和崔喜君（2011）使用 192 家民营企业的数据，研究发现金融市场改革可以促进非合资民营企业的出口。韩剑和张凌（2012）基于 2002 ～ 2009 年上市公司数据，探讨了金融发展与不同行业出口的关系，通过计算行业外源融资依赖度及有形资产指标，研究发现金融发展对高外源融资度及低有形资产的行业具有显著的影响，金融资产规模的扩大及金融体系效率的提高将促进出口商品结构升级。吴晓怡和邵军（2014）使用 1997～2011 年中国企业的出口数据，基于生存分析方法研究了企业出口持续期及外部融资约束的关系，研究发现金融发展对低外源融资依赖度行业的出口持续期影响更大，作者认为这与低外源融资度的行业多为中小企业及民营企业有关，因此，扩大金融资产的规模，消除金融体系的信贷歧视，方能实现整体企业出口的可持续发展。

综上可见，关于金融发展对企业对外直接投资或跨国并购的研究尚属少数，但金融发展对企业出口促进作用的研究已较为丰富。金融发展对企业出口促进作用的研究已经从采用多国跨国出口数据演变为采用微观企业层面数据，并注重企业所在行业的异质性例如行业外源融资依赖度，以及企业个体的异质性例如规模，生产率等层面的研究，而且既研究了对企业出口的集约边际与扩展边际的影响，也研究了对企业出口竞争力、出口商品复杂度及出口结构的影响。相比之下，研究金融发展对跨国并购及对外直接投资影响的文献，大多采用跨国数据以跨国并购的双边流动为主要研究对象，只有少数文献从微观层面验证了金融发展对对外直接投资的影响（徐清，2015；黄志勇，2015），还未有文献系统地直接验证本国不同地区金融发展水平对企业跨国并购的影响。借鉴金融发展对企业出口行为影响的研究有助于我们在金融发展对企业跨国并购影响的研究上进一步深入。

第3章 融资约束对跨国并购的影响

3.1 引 言

近年来，中国跨国并购飞速发展，交易规模和交易数量屡创新高。但是，值得注意的是，企业普遍认为融资困难是妨碍企业"走出去"进行对外直接投资或跨国并购的重要因素。已有学者的研究显示，在中国资本市场不发达的情况下，作为跨国并购主体的国有企业，主要融资方式为内源融资方式中的自有资金以及外源融资方式中的银行贷款，而在跨国并购中数量逐渐增多的私营企业的主要融资方式为自有资金，私营企业跨国并购融资难问题已成为抑制其参与全球市场竞争的主要障碍（江乾坤，2015）。可见，在中国目前滞后的融资体系下，融资约束或许是影响中国企业跨国并购的重要因素。企业跨国并购作为中国实施"走出去"战略的重要组成部分，跨国并购的可持续发展具有重要的战略意义。因此，我们将明确融资约束对中国企业跨国并购的重要影响，从而为便利企业的融资渠道，缓解企业融资困境，构建高效融资环境，促进中国企业跨国并购的可持续发展提供充分的实证支撑。

目前，关于研究融资约束对跨国并购影响的文献则较少，最相关的文献只有如下两篇。陈等（2009）使用1998～2005年间9个东亚国家的并购数据，基于企业融资理论中市场不完全的假设，实证检验了融资约束与企业投资之间的关系，研究发现股票市场和债券市场的发展可以改善融资条件，进而促进东亚国家的跨国并购，同时证实了国有企业获取外源融资更为容易。阿舒尔等（2011）通过研究1985～2007年美国公司的跨国并购数据及财务数据，认为并购企业为了减少并购后资金来源的不确定性及财务的灵活性,在并购中倾向于使用外部融资。可以推测出,如果企业外源融资不充足的话,其跨国并购的行为会受到阻碍,或在并购后遇到财务上的困难。

但是我们可以从关于融资约束影响企业其他国际化路径决策(出口和对外直接投资)的研究中获取有益的信息。关于融资约束影响企业出口行为的研究已经比较成熟。之后学者们分别将外源融资约束、信贷融资约束、商业信贷及股票债券融资约束纳入企业出口决策的模型当中(Muûls,2008;Manova,2011;Li and Yu,2009;Engemann et al.,2011;黄静波和黄小兵 2012),这些文献都验证了融资约束对企业出口显著的抑制作用,中国学者根据已有理论模型对融资约束与出口之间的关系进行实证检验结果也与国外理论模型的预期一致(孙灵燕和李荣林,2012;阳佳余;2012)。关于融资约束影响企业对外直接投资决策的研究也刚刚起步,包括克莱恩等(2000)对日本对外投资的研究;布赫等(2010)及布赫等(2014)对德国工业企业的研究;刘莉亚等(2015)、吕越和盛斌(2015)以及李磊和包群(2015)对中国对外直接投资的研究,这些研究都认为融资约束对企业的对外投资决策产生了抑制作用。

因此,本章将借鉴融资约束对出口及对外直接投资方面的研究,基于 BVD – Zephyr 跨国并购企业数据库与中国工业企业数据库的数据,对融资约束对跨国并购的影响进行实证检验。本章的结构安排如下:第二部分为数据说明与模型设定,第三部分为对实证结果的分析,第四部分为结论。

3.2　数据说明与模型设定

3.2.1　数据说明

本章的数据主要来源于 BVD – Zephyr 跨国并购企业数据库及中国工业企业数据库。BVD – Zephyr 跨国并购企业数据库为欧洲著名的全球企业金融信息网络电子提供商,其涵盖了全球各行业包括上市公司与非

上市公司的跨国并购及国内并购的多层次信息，最早的数据始于 1997
年。中国工业企业数据库是国家统计局基于规模以上工业法人企业的经
营成果信息和企业身份信息的目前为止最全面的企业层面的数据库。我
们按照企业名称、年份、企业财务年报及网络披露的并购信息对 BVD -
Zephyr 跨国并购企业数据库和中国工业企业数据库进行了逐一匹配，构
建了包含企业并购年份，并购金额，并购国家，企业基本生产经营和财
务信息等的多维数据库。其间我们按如下步骤整理了两个数据库的原始
数据：第一，按照企业名称及企业发生跨国并购的年份对中国工业企业
数据库与 BVD - Zephyr 跨国并购企业数据库进行了逐一匹配。第二，
剔出了同一年份有重复记录或计算错误的观测值①。第三，剔出了主营
业务收入小于 500 万元的企业，并删除了工业总产值、固定资产合计、
工业中间投入合计、固定资产净值年平均余额、实收资本、负债合计、
所有者权益合计、流动资产合计、流动负债合计、资产总计、工业销售
产值、长期负债合计及本年应付工资总额小于零的观测值。第四，剔除
了违背会计准则或逻辑关系的观测值，包括总资产小于固定资产或流动
资产、工业增加值大于工业总产值、当期折旧大于累计折旧、利息支出
比例小于 0 及大于 1 以及应付账款比例小于 0 及大于 1 的观测值②。

3.2.2 计量模型的构建

被解释变量为是否进行跨国并购，是标准的二元变量，因此，我们
采用 Probit 模型进行估计。根据梅里兹（2003），赫尔普曼等（Helpman
et al.，2004），布赫等（2010）已有研究，我们将融资约束纳入企业跨
国并购决策的分析中，并基于中国企业跨国并购的现实情况，将可能影
响跨国并购决策的因素进行控制，构建的回归模型如下：

$$\Pr(M\&A_{it}) = \alpha_0 + \alpha_1 FC_{it} + \alpha_2 X_{it} + \alpha_3 Z_{it} + \varepsilon_{it} \qquad (3-1)$$

式（3-1）中，i 代表企业，t 代表时间，$M\&A_{it}$ 是一个虚拟变量，
代表企业是否选择跨国并购。FC_{it} 为衡量企业融资约束的指标，包含内
源融资约束指标、商业融资约束指标及外源融资约束指标。X_{it} 为企业层
面的相关控制变量，具体包括全要素生产率的自然对数（$lntfp_{it}$）、资本

---

① 借鉴了聂辉华等（2012）的处理方法。
② 借鉴了孙灵燕和李荣林（2012）及阳佳余（2012）的处理方法。

密集度的自然对数（$lnkl_{it}$）、企业成立年限的自然对数（$lnage_{it}$）、企业从业人数的自然对数（$lncyrs_{it}$）、企业工资水平的自然对数（$lnwage_{it}$）及企业是否出口的虚拟变量（exp_{it}）。Z_{it} 为企业所有制及行业层面的虚拟变量，具体包括按工业企业数据库中企业注册登记编码划分的所有制类型、赫芬达尔－赫希曼指数表示的行业集中度以及按国民经济行业分类标准划分的五大类行业。ε_{ijt} 表示误差项。

3.2.3 变量说明

3.2.3.1 被解释变量 M&A$_{it}$

M&A$_{it}$ 作为企业跨国并购决策变量，是取值为 0 或 1 的虚拟二元变量。如果企业 i 在样本期间第 t 年跨国并购金额大于 0，则表示企业在该年有跨国并购行为，M&A$_{it}$ 取值为 1；如果企业 i 在第 t 年跨国并购金额为 0，则表示企业在该年无跨国并购行为，M&A$_{it}$ 取值为 0。

3.2.3.2 主要解释变量

（1）衡量企业融资约束的指标。

迈尔斯和梅吉拉夫（Myers and Majluf，1984）提出了优序融资理论，他们考察了资本市场的信息不对称对企业融资成本及融资次序的影响，认为企业的融资顺序遵从成本最小化的原则，企业会首先从内源资金融资，其次是商业信贷融资，最后是外源渠道融资。因此，衡量企业融资约束的指标具体包含内源融资约束指标、商业融资约束指标及外源融资约束指标。首先，内源融资约束指标用来衡量由于企业内部流动性限制所产生的融资约束情况，本章根据陈和格瑞哥利亚（Chen and Guariglia，2013）的处理方法来计算内源融资约束指标并按照总资产进行了标准化处理，公式如下：内源融资约束指标 =［（税前利润总额 + 额外收入 - 企业应交所得税）+ 折旧］/总资产。该指标数值越大，则意味着企业受到内源融资约束的可能性越低。其次，商业融资约束指标借鉴彼德森和拉詹（1994）的做法，表示为应付账款与销售收入的比值。应付账款可以视为企业产品链上的商业伙伴给予的商业信用，在会计账户中有详细记录。在中国金融市场不发达的情况下，金碚（2006）指出中国商业伙伴间的债务拖欠已成为一种强制性信用，贾科夫等（Djankov et al.，2009）及德加科沃等（Cull et al.，2007）也提出在中国存在信贷歧视的情况下，容易获得银行贷款的企业可用来为不易获得银行贷款的企业提供商业信用。因此，利用应付账款相对比例来衡量企业商业信贷约束是合理的，该指标值越高，表明该企业从商业伙伴处得到融资的可能性越大，其自身受到商业融资约束的可能性越低。最后，外源融资约束指标的选取，与已有文献类似，我们借鉴李和于（2009）及芬斯特拉等（Feenstra et al.，2011）的一般性处理方法，采用企业利息支出与销售收入的比值作为外源融资约束的衡量指标。

目前，中国的资本市场还不发达，企业进行跨国并购使用债券和股票融资等还有诸多限制和审批程序，因此，中国企业的主要外源融资方式为银行信贷，在本章的实证研究中，也主要以企业受到的银行信贷约束来衡量外源融资约束。企业利息支出的相对比例可衡量企业进行外源融资的成本，相对利息支出越多表明企业外源融资成本较低，外部借贷能力越强，即该指标值越高，表明该企业自身受到外源融资约束的可能性越低。综上，三种融资约束指标的数值越高，企业面临融资约束的可能性越低，企业的融资能力越强，这将对企业的跨国并购产生正向影响。

（2）全要素生产率。

梅里兹（2003）及赫尔普曼等（2004）为代表的新新贸易理论提出生产率的高低是决定企业能否对外直接投资的重要因素，且生产率是决定企业对外直接投资的重要因素已在实证研究中得到证实（田巍和余淼杰，2012；陈恩等，2012；王方方和赵永亮，2012；汤晓军和张进铭，2013；韩剑，2015）。因此，我们在控制变量中加入全要素生产率，以检验中国企业的跨国并购行为是否与新新贸易理论的结论相符合，并预期全要素生产率对企业跨国并购将产生正向影响。

由于用于计算全要素生产率的中国工业企业数据库，缺失1999年、2008年和2009年中间投入品的数据，及缺失2008年和2009年工业增加值的数据，因此采用传统的索罗余值法进行测算。索罗余值法也即根据生产函数的残差估计法进行计算，将工业总产值作为被解释变量，固定资产净值与员工人数作为解释变量。

由于 2004 年没有工业总产值的数据，我们借鉴刘小玄和李双杰（2008）的方法进行计算，计算公式如下：工业总产值 = 销售收入 + 期末存货 - 期初存货。依据会计准则及李磊和包群（2015），对于 2008 年和 2009 年缺失的固定资产净值推算为固定资产合计乘以（1 - 计算期上一年的折旧率）。

（3）资本密集度。

安特拉斯（Antràs，2003）指出企业的资本密集度越高，企业开展对外直接投资的可能性越大。资本密集度越高，意味着企业更向资本密集型靠拢，表明企业可能更具有技术上的竞争优势，从而有利于企业的国际化行为。本章采用固定资产净值与员工人数的比值来表示。我们预期资本密集度对企业跨国并购将产生正向影响。

（4）企业成立年限。

企业成立时间越长表明企业更可能拥有稳定的销售渠道，广泛的客户资源，完善的管理经验等竞争优势（于洪霞等，2011；葛顺奇和罗伟，2013）。本章采用样本观测期的年份与企业成立年份的差值来表示企业成立年限。我们预期企业成立年限对企业跨国并购将产生正向影响。

（5）企业从业人数。

布洛姆斯托姆和利普西（Blomstrom and Lipsey，1986）提出只有具有一定规模的企业才会决定对外投资，论证了企业规模的门槛效应。同时，由于规模越大的企业抵御风险的能力也越强，能在更大程度上应对跨国并购带来的不确定性。因此，企业规模越大进行跨国并购的可能性越大，我们预期企业从业人数对企业跨国并购将产生正向影响。不同学者采用了不同的衡量方法来表示企业规模，最常用的三个指标是销售收入、总资产与员工人数（Newburry et al.，2006；Buckley and Clegg，2007；Liu and Buck，2007）。理论上，三种衡量方法并不会对模型结论产生质的影响（孙灵燕和李荣林，2012），因此，本章采用中国工业企业数据库中既能衡量企业规模又能衡量企业劳动力状况的员工人数作为度量企业规模的指标。

（6）企业工资水平。

企业的工资水平在一定程度上体现了企业的成本以及员工的人力资本。企业的工资水平越高意味着企业雇用了技术水平较高的员工。于洪霞等（2011）及阳佳余（2012）的研究均验证了企业的工资水平与其国际化经营之间的正相关关系。因此，我们预期企业工资水平对企业跨国并购将产生正向影响。本章采用年度应付工资总额与员工人数的比值来衡量。

（7）企业是否出口。

企业进行跨国并购往往面临更多的不确定性与各类风险，过程更为复杂。如果企业之前有其他的国际化经营活动比如出口，则可以帮助企业获取东道国的信息，并为企业在东道国建立信誉，扩展市场与资源，从而为企业进行跨国并购助力（Oldenski，2012）。因此，我们预期企业的出口行为对企业跨国并购将产生正向影响。企业是否出口为虚拟变量，根据中国工业企业数据库中的出口交货值确定，如果出口交货值大于零，则取值为 1，否则为 0。

（8）其他控制变量。

根据已有研究，我们又分别在所有制层面及行业层面构建了三类变量。所有制特征被认为是企业异质性的来源之一，因此根据企业的所有制特征，按照工业企业数据库中登记的注册类型，构建了六个二值虚拟变量：gy（如果是国有企业则取值为 1，否则为 0）、jt（如果是集体企业则取值为 1，否则为 0）、sy（如果是私营企业则取值为 1，否则为 0）、gat（如果是港澳台企业则取值为 1，否则为 0）、wz（如果是外资企业则取值为 1，否则取值为 0）以及 qt（如果是其他企业则取值为 1，否则取值为 0）。行业层面我们构建了两类变量，一是表示企业所在行业市场集中度的赫芬达尔 - 赫希曼指数（Herfindahl - Hirschman Index，HHI），二是中国跨国并购企业所在主要行业领域的虚拟变量。赫芬达尔 - 赫希曼指数是体现行业竞争程度的综合指标，其值越高，意味着该行业市场集中度越高，竞争程度越弱。中国跨国并购企业所在主要行业领域为轻工业（qg）、化工业（hg）、机械制造业（jx）以及冶炼业（yl），按照国民经济行业分类标准划分，如果行业编码为 13~24，则 qg 取值为 1，否则取值为 0；如果行业编码为 25~30，则 hg 取值为 1，否则取值为 0；如果行业编码为 34~41，则 jx 取值为 1，否则取值为 0；如果行业编码为 31~33，则 yl 取值为 1，否则取值为 0；如果行业编码在四个区间之外，则列为其他行业即 qthy 取值为 1，否则取值为 0。

3.2.4 统计描述

本章的样本观测区间为 1998 ~ 2011 年，通过对中国工业企业数据库与 BVD – Zephyr 跨国并购企业数据库进行处理以及设定上述变量，我们共获得 3190865 个样本，其中具有完整跨国并购企业并购交易信息与企业经营财务信息的并购交易共有 100 笔，[①] 进行跨国并购企业的有效样本观测值为 797 个。

我们在表 3 – 1 ~ 表 3 ~ 3 中对全样本和分样本的主要解释变量进行统计描述。值得注意的是，第一，跨国并购企业除了现金流占比平均值略低于非跨国并购企业之外，应付账款占比及利息支出占比平均值均高于非跨国并购企业，这一统计现象说明受到的融资约束越小，融资能力越强的企业更有能力得以进行跨国并购，这与我们的理论预测相符合。第二，跨国并购企业的全要素生产率均值要高于非跨国并购企业四个百分点，也在统计层面证明了异质性贸易理论提出的生产率越高的企业才得以进行海外投资的结论。第三，跨国并购企业的资本密集度要明显高于非跨国并购企业，数据上可说明跨国并购企业更具有技术上的竞争优势。第四，跨国并购企业的工资水平也略高于非跨国并购企业，我们可根据此数据推测进行跨国并购的企业可能雇用了技术水平更高的技术工人，拥有更高的人力资本。第五，跨国并购企业中从事过出口活动的占比也明显高于非跨国并购企业，因此，在统计分析上，验证了我们之前认为拥有其他国际化经营活动的企业更可能进行跨国并购的预测。第六，跨国并购企业的赫芬达尔 – 赫希曼指数稍高于非跨国并购企业，因此，我们可以推测进行跨国并购的企业所在市场的竞争程度较弱，比非跨国并购企业具有垄断优势。

---

① 仅包括实际已完成并购的交易，并不包括宣布并购而实际未完成的案例。

表 3 - 1   **主要解释变量的统计描述——全样本**

变量	定义	观测值	均值	标准差	最小值	最大值
nyfcb	现金流占比	1741188	0.1217	0.1490	0	1
syfcb	应付账款占比	1946778	0.1183	0.1585	0	1
wyfcb	利息支出占比	2991090	0.0164	0.0455	0	1
lntfp	全要素生产率	2712743	2.4803	0.1092	- 0.6045	2.9997
lnkl	资本密集度	3190847	3.6908	1.4212	- 7.0210	14.3609
lnage	企业成立年限	3088828	1.8930	0.9356	0	3.9318
lncyrs	企业从业人数	3190847	4.7355	1.1030	2.4849	7.8632
lnwae	企业工资水平	2606932	2.1296	1.1364	- 1.5125	4.2864
expif	企业是否出口	3190848	0.2536	0.4351	0	1
HHI	赫芬达尔 - 赫希曼指数	3190848	0.0029	0.0048	0.0002	0.6341

注：统计结果保留四位有效数字，本章同。

表 3 - 2   **主要解释变量的统计描述——跨国并购企业**

变量	定义	观测值	均值	标准差	最小值	最大值
nyfcb	现金流占比	481	0.0828	0.0715	0.0004	0.5633
syfcb	应付账款占比	426	0.1495	0.1323	7.05E - 08	0.8256
wyfb	利息支出占比	734	0.0283	0.0565	1.86E - 08	0.9217
lntfp	全要素生产率	749	2.5269	0.1090	1.5025	2.7578
lnkl	资本密集度	797	5.1145	1.2848	0	11.2359
lnage	企业成立年限	791	2.6728	0.9875	0	3.9318
lncyrs	企业从业人数	797	7.1554	0.9413	2.9444	7.8632
lnwae	企业工资水平	689	2.7771	1.0423	- 1.3024	4.2864
expif	企业是否出口	797	0.6863	0.4642	0	1
HHI	赫芬达尔 - 赫希曼指数	797	0.0050	0.0083	0.0002	0.1286

表 3 - 3　　　　　主要解释变量的统计描述——非跨国并购企业

变量	定义	观测值	均值	标准差	最小值	最大值
nyfcb	现金流占比	1740707	0.1218	0.1490	0	1
syfcb	应付账款占比	1946352	0.1183	0.1585	0	1
wyfb	利息支出占比	2990356	0.0164	0.0455	0	1
lntfp	全要素生产率	2711994	2.4803	0.1092	- 0.6048	2.9997
lnkl	资本密集度	3190050	3.6904	1.4210	- 7.0210	14.3609
lnage	企业成立年限	3088037	1.8928	0.9355	0	3.9318
lncyrs	企业从业人数	3190050	4.7349	1.1023	2.4849	7.8632
lnwae	企业工资水平	2606243	2.1294	1.1364	- 1.5125	4.2864
expif	企业是否出口	3190051	0.2535	0.4350	0	1
HHI	赫芬达尔 - 赫希曼指数	3190051	0.0029	0.0048	0.0002	0.6341

30

3.3　实证结果分析

3.3.1　基本回归结果

　　在回归分析之前，我们先对模型中主要解释变量之间的相关系数进行分析，以检验模型是否存在多重共线性问题。特别是在内源融资渠道、商业融资渠道和外源融资渠道之间存在着部分替代的关系，相关系数分析可用于检测现金流占比、应付账款占比及利息支出占比是否适合出现在同一方程中。主要解释变量之间的相关系数如表 3 - 4 所示。可见，主要解释变量之间的 Pearson 相关系数均小于 0.3，因此，回归方程变量间并不存在显著的相关关系，模型不具有严重的多重共线性问题。

表 3 – 4　　　　　　　　　主要解释变量相关系数矩阵

	nyfcb	syfcb	wyfcb	lntfp	lnkl	lnage	lncyrs	lnwage	expif	HHI
nyfcb	1									
syfcb	0.254	1								
wyfcb	– 0.126	0.0609	1							
lntfp	0.2588	– 0.165	– 0.253	1						
lnkl	– 0.023	0.0263	0.2249	– 0.1658	1					
lnage	– 0.064	0.0559	0.067	– 0.0912	0.0206	1				
lncyrs	– 0.04	0.057	0.0724	– 0.025	– 0.029	0.2112	1			
lnwage	0.041	– 0.016	– 0.039	– 0.1788	0.3917	0.0151	– 0.048	1		
expif	– 0.065	0.0667	– 0.024	0.0656	– 0.083	0.0693	0.2774	0.0487	1	
HHI	– 0.008	0.025	0.1185	– 0.2694	0.1309	0.0527	0.0936	– 0.0392	– 0.0709	1

下面，本章使用 Probit 模型对企业跨国并购行为进行分析。Probit 模型的被解释变量是二元变量且其发生概率服从累积正态分布。其假设每一样本都面临非此即彼的选择，解释变量作为可辨识的特征决定了被解释变量作出某一特定选择的概率。本章中企业是否进行跨国并购作为被解释变量是标准的二值变量，适合采用 Probit 回归模型进行估计。

表 3 – 5 显示了 Probit 模型的回归结果。第一列给出了包括内源融资约束、商业融资约束和外源融资约束在内的全方程回归结果。我们发现其他控制变量包括全要素生产率、资本密集度、企业成立年限、企业从业人数、企业工资水平及赫芬达尔 – 赫希曼指数均为正且通过了显著性检验，这与我们的预期一致。值得注意的是，内源融资约束与商业融资约束的符号均为负，但并没有通过显著性检验。外源融资约束的符号为正且通过了 10% 的显著性检验。综上，我们认为企业的跨国并购行为主要受到外源融资约束的显著影响，而且由于中国存在着外源融资层面的信贷歧视，因此，本章下面将以分析外源融资约束对企业跨国并购的影响为主。

表 3 – 5　　　　　　融资约束对企业跨国并购的影响：基本结果

变量名	模型（1）	模型（2）	模型（3）	模型（4）
	是否并购	是否并购	是否并购	是否并购
内源融资约束	－ 0.767 （0.509）			
商业融资约束	－ 0.670 （0.485）			
外源融资约束	2.014 * （1.195）	0.732 *** （0.273）	1.153 * （0.617）	1.101 * （0.613）
全要素生产率	3.093 *** （0.682）		1.665 *** （0.436）	1.818 *** （0.528）
资本密集度	0.189 *** （0.0465）		0.204 *** （0.0366）	0.229 *** （0.0394）
企业成立年限	0.157 ** （0.0679）		0.0993 ** （0.0453）	0.0970 ** （0.0450）
企业从业人数	0.475 *** （0.0604）		0.480 *** （0.0514）	0.483 *** （0.0531）
企业工资水平	0.0922 * （0.0491）		0.133 * （0.0746）	0.104 （0.0678）
企业是否出口	0.0504 （0.109）		0.185 ** （0.0900）	0.133 （0.0935）
集体企业	0.0560 （0.238）		0.266 （0.169）	0.257 （0.168）
私营企业	0.0887 （0.170）		0.472 *** （0.131）	0.474 *** （0.132）
港澳台企业	－ 0.00341 （0.180）		0.135 （0.159）	0.127 （0.160）
外资企业	－ 0.0951 （0.196）		0.178 （0.165）	0.118 （0.169）
其他企业	0.00821 （0.127）		0.346 *** （0.108）	0.331 *** （0.106）
化工业	0.0323 （0.197）			－ 0.0518 （0.174）

变量名	模型（1） 是否并购	模型（2） 是否并购	模型（3） 是否并购	模型（4） 是否并购
机械业	0.188 (0.168)			0.207 (0.155)
轻工业	-0.174 (0.216)			-0.113 (0.185)
冶炼业	0.0899 (0.198)			-0.0103 (0.173)
赫芬达尔－赫希曼指数	5.880** (2.855)			-3.273 (5.089)
常数项	-16.07*** (1.773)	-4.028*** (0.0260)	-13.03*** (1.148)	-13.45*** (1.304)
观测值	1014799	2991090	2149443	2149443

注：括号内数值为估计系数的标准差；＊、＊＊、＊＊＊分别代表参数的估计值在10%，5%和1%的水平上显著。

　　表 3 - 5 第二列 ~ 第四列报告了外源融资约束对跨国并购的影响逐步加入控制变量的估计结果。第二列作为基础模型只加入了外源融资约束变量，其估计系数显著为正，这证明了我们的预期，即企业受到的外源融资约束越低，融资能力越强，企业进行跨国并购的可能性越高。第三列加入了企业层面的控制变量包括全要素生产率、资本密集度、企业成立年限、企业从业人数、企业工资水平、企业是否出口以及所有制层面的虚拟变量。此回归方程中外源融资约束估计系数依旧显著为正，说明外源融资约束的缓解对企业跨国并购行为的正向促进作用明显。

　　第四列又加入了赫芬达尔－赫希曼指数及行业虚拟变量，控制了模型行业层面的特征。我们发现外源融资约束估计系数的符号为正且通过了 10% 的显著性检验，可见设定的基础模型相当稳健，外源融资约束的缓解将显著的促进企业进行跨国并购的可能性。因此，本章的估计结果证实了布赫等（2010）文献所强调融资约束会抑制企业的跨国并购决策的结论。

　　对于企业跨国并购决策的其他影响因素，我们的实证结果表明：①企业全要素生产率的估计系数为正，且通过了 1% 的显著性检验。这一估计结果与异质性企业贸易理论所强调的生产率是影响企业进行海外投资的重要因素，只有生产率较高的企业才能顺利实现国际化战略的结论一致。②企业资本密集度的估计系数为正，且通过了1%的显著性检验。说明资本密集度高的企业可能更具有技术上的竞争优势，有利于企业进行跨国并购，估计结果符合预期。③企业成立年限的估计系数为正，且通过了5%的显著性检验。说明企业成立的时间越长，更可能拥有稳定的销售渠道，广泛的客户资源，完善的管理经验等竞争优势，企业越可能进行跨国并购，估计结果符合预期。这与于洪霞等（2011）及葛顺奇和罗伟（2013）的研究结论一致。④企业从业人数的估计系数为正，且通过了1%的显著性检验。说明企业从业人数越多，企业的规模越大，企业进行跨国并购的可能性越大，估计结果符合预期。⑤企业的工资水平的估计系数为正但是在模型（4）中并不显著，在模型（3）中通过了10%的显著性检验。说明企业的工资水平对跨国并购的正向影响效应并不稳健，未完全证明我们的预期。⑥企业出口参与的估计系数为正但是在模型（4）中并不显著，在模型（3）中通过了5%的显著性检验。说明企业的出口行为对跨国并购的正向影响效应并不稳健，未完全验证我们认为出口参与将促进企业跨国并购的预期。⑦赫芬达尔指数的估计系数为负，但并未通过显著性检验，因此，我们不能确定市场集中度对企业跨国并购的影响。⑧另外，在所有制虚拟变量的估计结果显示，私营企业和其他企业类型的估计系数为正且通过了1%的显著性检验，集体企业、港澳台企业和外资企业的估计系数为正，但并不显著。说明相对于国有企业，私营企业与其他企业类型更倾向于进行跨国并购，集体企业，港澳台企业和外资企业则没有表现出这种倾向。在行业虚拟变量的估计结果中，化工业、机械业、轻工业和冶炼业的估计系数均不显著，因此这些行业对于是否有利于跨国并购行为并未表现出差异性。

3.3.2 扩展研究

上述研究只基本分析了融资约束对企业整体跨国并购的影响，但在实际情况中有的企业仅进行一次跨国并购，有的企业进行多次跨国并购，那么融资约束对这些企业的跨国并购的影响是否同上述的分析一致？下面我们将对融资约束对企业首次进行跨国并购的影响及融资约束对企业跨国并购次数的影响分别加以验证。

3.3.2.1 融资约束对企业首次跨国并购的影响

此处沿用 3.3.1 节中分析融资约束对企业是否进行跨国并购产生的影响时的基本回归模型，将首次并购作为被解释变量，采用逐步加入控制变量的方法，估计了融资约束对企业首次跨国并购的影响。估计结果如表 3 - 6 所示，模型（1）~ 模型（4）中外源融资约束的估计系数均为正且通过了 1% 的显著性检验。与外源融资约束对企业每次跨国并购的影响相比，外源融资约束对企业首次跨国并购的估计系数数值更大，显著性也更高，说明外源融资约束对企业首次跨国并购的影响要更为明显，企业外源融资能力的增强可以显著提高企业进行首次跨国并购的可能性。这与我们的预期相符合，企业首次进行跨国并购面临更高的成本，这些成本包括制度成本、信息成本、法律成本及融资成本等。由于企业对国外市场的熟悉度会逐步提高，管理经验及商业信誉也会逐步积累，企业之后进行跨国并购的成本会呈现下降的趋势，这与新新贸易理论中关于企业首次出口或首次进行对外直接投资要付出更高成本的观点相一致。

表 3 - 6 　　　　融资约束对企业跨国并购的影响：首次并购

变量名	模型（1）首次并购	模型（2）首次并购	模型（3）首次并购	模型（4）首次并购
外源融资约束	1. 149 *** （0. 152）	1. 589 *** （0. 361）	1. 535 *** （0. 391）	1. 615 *** （0. 368）
全要素生产率		1. 363 *** （0. 339）	1. 189 *** （0. 359）	1. 554 *** （0. 446）
企业成立年限		0. 118 *** （0. 0262）	0. 121 *** （0. 0291）	0. 127 *** （0. 0298）
企业从业人数		0. 537 *** （0. 0295）	0. 547 *** （0. 0320）	0. 549 *** （0. 0340）
企业工资水平		0. 175 *** （0. 0244）	0. 192 *** （0. 0260）	0. 155 *** （0. 0266）

变量名	模型（1）首次并购	模型（2）首次并购	模型（3）首次并购	模型（4）首次并购
企业是否出口		0.193 *** (0.0535)	0.223 *** (0.0568)	0.127 ** (0.0593)
私营企业			0.264 *** (0.0979)	0.258 *** (0.0980)
外资企业			0.0824 (0.107)	− 0.0150 (0.107)
港澳台企业			0.0950 (0.105)	0.0929 (0.105)
其他企业			0.387 *** (0.0753)	0.364 *** (0.0734)
赫芬达尔 – 赫希曼指数				3.088 *** (0.987)
化工业				− 0.0847 (0.155)
机械业				0.495 *** (0.133)
轻工业				0.125 (0.150)
冶炼业				0.0350 (0.151)
常数项	− 3.550 *** (0.0392)	− 11.07 *** (0.878)	− 10.96 *** (0.922)	− 12.24 *** (1.086)
观测值	2724345	1907556	1907556	1907556

注：括号内数值为估计系数的标准差；*、**、*** 分别代表参数的估计值在 10%，5% 和 1% 的水平上显著。

模型中的其他控制变量，全要素生产率、资本密集度、企业成立年限、企业从业人数、企业工资水平及企业是否出口的估计系数均为正，并且通过了 1% 的显著性检验。除了全要素生产率和资本密集度的估计系数和显著性与外源融资约束对企业每次跨国并购估计中的回归结果相差不大之外，企业成立年限、企业从业人数、企业工资水平及企业是否出口的估计系数及显著性都要高于外源融资约束对企业每次跨国并购估计中的相应回归结果。据此，我们推测全要素生产率、资本密集度始终是影响企业跨国并购的重要因素，企业成立年限、企业从业人数、企业工资水平及企业是否出口等控制因素可能会由于企业跨国并购经验的积累，对跨国并购的影响呈现减弱的趋势。

3.3.2.2 融资约束对企业跨国并购次数的影响

与 3.3.1 中分析融资约束对企业是否进行跨国并购产生的影响时的基本回归模型不同，此处将采用 Poisson 模型，将企业跨国并购次数作为被解释变量，控制变量的选取同上述回归模型中的控制变量一致。本部分采用逐步加入控制变量的方法，估计了融资约束对企业跨国并购次数的影响。估计结果如表 3－7 所示，模型（1）~ 模型（4）中外源融资约束的估计系数均为正且通过了 1% 的显著性检验。说明外源融资约束能显著影响企业的跨国并购次数，企业的外源融资能力越强，受到的外源融资约束越小，企业进行跨国并购的次数也越多。这与我们的预期一致，多次进行跨国并购的企业，更容易面临融资抑制问题，需要的融资支持也就越多。模型中的其他控制变量，全要素生产率、资本密集度、企业成立年限、企业从业人数、企业工资水平及企业是否出口的估计系数均为正，并且通过了 1% 的显著性检验。这说明模型中的主要解释变量依旧是影响企业跨国并购次数的重要因素。通过研究融资约束对企业跨国并购次数的影响，再次验证了融资约束会抑制企业跨国并购行为，融资约束的缓解将促进企业跨国并购的结论。

表 3－7　　　　融资约束对企业跨国并购的影响：并购次数

变量名	模型（1）	模型（2）	模型（3）	模型（4）
	并购次数	并购次数	并购次数	并购次数
外源融资约束	2.289 *** (0.289)	1.443 * (0.819)	1.480 * (0.827)	1.429 * (0.786)
全要素生产率		4.369 *** (0.486)	4.169 *** (0.493)	4.716 *** (0.572)

续表

变量名	模型（1）并购次数	模型（2）并购次数	模型（3）并购次数	模型（4）并购次数
资本密集度		0.535 ***(0.0366)	0.533 ***(0.0389)	0.612 ***(0.0457)
企业成立年限		0.212 ***(0.0530)	0.169 ***(0.0555)	0.153 ***(0.0547)
企业从业人数		1.610 ***(0.0566)	1.588 ***(0.0609)	1.564 ***(0.0606)
企业工资水平		0.466 ***(0.0642)	0.517 ***(0.0698)	0.413 ***(0.0653)
企业是否出口		0.721 ***(0.106)	0.837 ***(0.116)	0.672 ***(0.118)
私营企业			0.171(0.196)	0.159(0.199)
外资企业			-0.487 ***(0.189)	-0.747 ***(0.199)
港澳台企业			-0.0954(0.163)	-0.143(0.164)
其他企业			0.495 ***(0.108)	0.472 ***(0.109)
赫芬达尔-赫希曼指数				6.200 ***(2.161)
化工业				-0.218(0.222)
机械业				1.030 ***(0.187)
轻工业				-0.00799(0.222)
冶炼业				0.474 **(0.203)
常数项	-8.152 ***(0.192)	-33.03 ***(1.259)	-32.54 ***(1.285)	-34.15 ***(1.418)
观测值	2991090	2149443	2149443	2149443

注：括号内数值为估计系数的标准差；*、**、*** 分别代表参数的估计值在 10%，5% 和 1% 的水平上显著。

3.3.2.3　分所有制研究

企业进行跨国并购对外源融资的依赖程度在不同的所有制之间存在明显差别。由于国有企业具备更容易得到政府政策上的支持，可供抵押资本较多等优势，银行更倾向于贷款给国有企业。国有企业相对于私营企业更具有融资优势，能以较低的成本获取银行贷款（Giovanni and Liu L，2010）。庞塞特等（Poncet et al.，2010）、艾伦等（Allen et al.，2005）及杜和吉尔马（Du and Girma，2007）等多篇文献中都强调了这种基于所有制性质的信贷特殊现象。阳佳余（2012）基于 2000～2007年中国工业企业数据库考察了融资约束对企业出口决策和出口规模的影响，结论表明相对于国有企业，私营企业更容易受到信贷市场上的歧视。孙灵燕和李荣林（2012）使用世界银行投资环境调查数据，对不同所有制企业出口参与受到的外源融资约束程度进行了分析，认为相对于国有企业和外资企业，私营企业出口参与受到的外源融资约束程度更大。

本部分将集中研究外源融资约束对不同所有制企业跨国并购决策的影响，所有制类型聚焦于国有企业、私营企业及外资企业三种类型。进行跨国并购的国有企业、私营企业及外资企业的分样本统计描述如表 3-8～表 3-10 所示。由表 3-8～表 3-10 可知，样本中的国有企业在跨国并购企业所有制类型中数量最多，私营企业居中，外资企业最少。国有企业的利息支出占比均值最高，外资企业次之，私营企业最低，这说明国有企业和外资企业相对于私营企业拥有更充沛的外源融资资金，私营企业更有可能受到外源融资约束。就全要素生产率均值而言，私营企业最高，外资企业居中，国有企业最低，这说明私营企业要进行跨国并购要比国有企业和私营企业拥有更高的生产率。除此之外，国有企业在资本密集度、企业成立年限、企业从业人数、企业工资水平及企业出口参与上均值最高，因此，我们预计这些控制变量是推动国有企业跨国并购的重要因素。在国有企业、私营企业及外资企业中，哪种所有制类型更受外源融资约束的抑制以及对不同的所有制类型哪些因素对其跨国并购决策是重要的，还需要进一步的实证检验。

表 3 - 8   **国有跨国并购企业变量统计描述**

变量	定义	观测值	均值	标准差	最小值	最大值
wyfcb	利息支出占比	427	0.0331	0.0665	0.0000	0.9217
lntfp	全要素生产率	447	2.5128	0.1168	1.5026	2.6824
lnkl	资本密集度	470	5.2172	1.3165	0.4970	11.2359
lnage	企业成立年限	466	2.9600	1.0007	0.0000	3.9318
lncyrs	企业从业人数	470	7.3997	0.7791	4.0431	7.8633
lnwage	企业工资水平	408	2.8241	1.0070	-1.2351	4.2864
expif	企业是否出口	470	0.7085	0.4549	0.0000	1.0000
HHI	赫芬达尔 - 赫希曼指数	470	0.0034	0.0065	0.0002	0.0819

表 3 - 9   **私营跨国并购企业变量统计描述**

变量	定义	观测值	均值	标准差	最小值	最大值
wyfcb	利息支出占比	107	0.0176	0.0267	0.0000	0.1868
lntfp	全要素生产率	104	2.5640	0.0780	2.1250	2.7579
lnkl	资本密集度	110	4.7786	1.3381	1.8672	8.7445
lnage	企业成立年限	110	2.0441	0.8116	0.0000	3.9318
lncyrs	企业从业人数	110	6.9613	0.8635	3.9512	7.8633
lnwage	企业工资水平	95	2.7040	1.1007	-1.2351	4.2864
expif	企业是否出口	110	0.6364	0.4832	0.0000	1.0000
HHI	赫芬达尔 - 赫希曼指数	110	0.0020	0.0025	0.0002	0.0128

表 3 - 10   **外资跨国并购企业变量统计描述**

变量	定义	观测值	均值	标准差	最小值	最大值
wyfcb	利息支出占比	77	0.0286	0.0613	0.0000	0.3644
lntfp	全要素生产率	77	2.5130	0.1106	2.1179	2.6824
lnkl	资本密集度	85	5.2471	0.9697	2.7468	7.5501
lnage	企业成立年限	85	2.2673	0.7624	0.6931	3.7842

续表

变量	定义	观测值	均值	标准差	最小值	最大值
lncyrs	企业从业人数	85	6.5834	1.1653	2.9957	7.8633
lnwage	企业工资水平	71	2.6832	1.2121	-1.0986	4.2864
expif	企业是否出口	85	0.4706	0.5021	0.0000	1.0000
HHI	赫芬达尔－赫希曼指数	85	0.0016	0.0012	0.0004	0.0073

实证回归结果如表3－11所示，外源融资约束对私营企业跨国并购的估计系数为4.780且通过了1%的显著性检验，而国有企业和外资企业的估计系数并不显著。这说明外源融资约束显著抑制了私营企业的跨国并购，外源融资能力的增强则能够提高私营企业跨国并购的可能性，外源融资约束对国有企业和外资企业的跨国并购并没有显著的影响，这与我们的预期一致。国有企业的外源融资渠道比较畅通，在所有制信贷歧视存在的情况下，能够比较容易获得信贷资金，并不面临外源融资约束的问题。外资企业一般可从集团的母公司处获得融资支持，而且在当地政府的招商引资优惠政策中也可获得信贷的优势（Naughton，2007），因此外资企业在回归结果中显示其跨国并购决策并未受到外源融资约束的制约。私营企业的回归结果体现了与现实的一致性，私营企业的确是信贷按所有制次序分配中受到歧视的一方，其跨国并购决策容易受到外源融资的限制。

对于其他影响不同所有制企业进行跨国并购的因素，我们的回归结果显示：国有企业的跨国并购决策受到全要素生产率、资本密集度、企业成立年限、企业从业人数的显著的影响，且估计系数均为正；私营企业的跨国并购决策更多受到全要素生产率、资本密集度及企业从业人数的正向且显著的影响；外资企业的跨国并购决策则跟企业成立年限及企业从业人数显著正相关。值得注意的是，回归结果中，全要素生产率对私营企业的跨国并购决策的估计系数为6.766，明显高于国有企业的3.543，这表明受到外源融资约束的私营企业在跨国并购参与上，相对于国有企业要面临更高的生产率门槛。

表 3-11　　　融资约束对企业跨国并购的影响：分所有制研究

变量名	模型（1）	模型（2）	模型（3）
	国有企业	私营企业	外资企业
外源融资约束	-1.076 (2.572)	4.780 *** (0.670)	0.257 (1.673)
全要素生产率	3.543 ** (1.430)	6.766 *** (1.601)	-1.030 (1.493)
资本密集度	0.595 *** (0.160)	0.131 ** (0.0635)	0.148 (0.104)
企业成立年限	0.230 * (0.131)	-0.277 *** (0.0785)	0.478 *** (0.130)
企业从业人数	1.123 *** (0.377)	0.759 *** (0.112)	0.434 *** (0.143)
企业工资水平	0.00832 (0.160)	-0.0796 (0.137)	0.0374 (0.0982)
企业是否出口	0.0291 (0.189)	0.254 (0.201)	-0.408 * (0.224)
赫芬达尔-赫希曼指数	2.162 (4.893)	105.4 *** (30.16)	-43.65 (42.41)
其他变量	控制	控制	控制
常数项	-25.23 *** (4.684)	-36.41 *** (5.870)	-8.687 *** (2.466)
观测值	45849	404556	104822

注：括号内数值为估计系数的标准差；* 、** 、*** 分别代表参数的估计值在 10%，5% 和 1% 的水平上显著。

3.3.2.4　分行业研究

　　企业进行跨国并购对外源融资的依赖程度在不同的行业之间也存在差别。进行跨国并购的企业所从属的主要行业领域，按照国民经济行业分类标准进行划分，分别为轻工业、化工业、机械制造业以及冶炼业。在本样本中，跨国并购企业的行业分布如图 3-1 所示，机械业所占百分比最大，超过 50%，其次是冶炼业、轻工业及化工业，其他行业占比不足 10%。因此，本部分将集中研究外源融资约束对这四种行业类型企业跨国并购决策的影响。回归结果如表 3-12 所示，外源融资约束对机械业跨国并购的估计系数为 2.773 且通过了 1% 的显著性检验，对冶炼业跨国并购的估计系数为 4.912 且同样通过了 1% 的显著性检验，而化工业和轻工业的估计系数并不显著。这表明机械业和冶炼业是受到外源融资约束程度比较高的行业，外源融资约束的缓解将显著促进机械业和冶炼业的跨国并购可能性。这可能是由于机械业和冶炼业所并购的国外企业多为大型企业，固定资产数额庞大，企业自有资金不足以满足融资需求，同时此类行业并购整合及生产周期较长，并购财务风险较大，于是银行所代表的外源融资提供方从收回贷款的可能性考虑，并不倾向于给此类行业提供融资。回归模型中的其他控制变量在不同的行业之间的重要性也有所区别：化工业的跨国并购决策主要受到企业从业人数的影响，企业从业人数的估计系数为正且通过了 1% 的显著性检验，但是其他主要控制变量的系数虽未正但并未通过显著性检验；机械业的跨国并购决策更多受到全要素生产率、资本密集度、企业从业人数及企业工资水平的影响，这些控制变量的估计系数均为正且通过了显著性检验；轻工业的跨国并购决策主要受到资本密集度和企业从业人数的正向且显著的影响；冶炼业的跨国并购决策更多受到全要素生产率、资本密集度及企业从业人数及企业出口的影响，这些解释变量的估计系数均为正且通过了显著性检验。

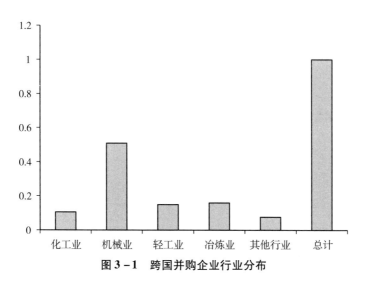

图 3 – 1　跨国并购企业行业分布

表 3 - 12　　　　　融资约束对企业跨国并购的影响：分行业研究

变量名	模型（1）	模型（2）	模型（3）	模型（4）
	化工业	机械业	轻工业	冶炼业
外源融资约束	-2.874 (4.033)	2.773 *** (0.640)	1.156 (0.749)	4.912 *** (1.041)
全要素生产率	0.457 (1.729)	2.878 ** (1.255)	-1.435 *** (0.472)	6.322 *** (2.186)
资本密集度	0.210 (0.137)	0.114 ** (0.0525)	0.352 *** (0.0676)	0.169 * (0.0924)
企业成立年限	0.264 (0.173)	0.0686 (0.0613)	-0.00468 (0.123)	0.245 * (0.132)
企业从业人数	0.448 *** (0.106)	0.621 *** (0.0945)	0.521 *** (0.0962)	1.110 *** (0.244)
企业工资水平	0.0714 (0.139)	0.352 *** (0.0811)	-0.0519 (0.0960)	0.133 (0.156)
企业是否出口	-0.213 (0.219)	0.125 (0.142)	0.181 (0.252)	0.439 * (0.232)
赫芬达尔 - 赫希曼指数	-7.954 (12.92)	35.50 (24.07)	-18.11 (16.70)	48.71 (41.43)
其他变量	控制	控制	控制	控制
常数项	-9.096 ** (4.318)	-17.55 *** (3.088)	-8.592 *** (1.042)	-30.17 *** (6.755)
观测值	69251	382768	413981	82391

注：括号内数值为估计系数的标准差；＊、＊＊、＊＊＊分别代表参数的估计值在10%，5%和1%的水平上显著。

3.3.2.5　稳健性检验

（1）稳健性检验：外源融资约束滞后一期项。

以上回归结果显示，融资约束的缓解可以显著提高企业跨国并购的可能性。但在回归过程中可能会存在融资约束的内生性问题，内生性可能源于如下两个方面：一是回归模型可能会有变量遗漏问题。我们的模型按照现有理论包括了全要素生产率、资本密集度、企业成立年限、企业从业人数、企业工资水平及企业是否出口等企业层面的变量，也包括了所有制层面及行业层面的控制变量，但仍有可能遗漏会影响融资约束与企业跨国并购行为的其他变量。二是按照异质性企业贸易理论所说，企业进行国际化活动必须迈过生产率的门槛，也就是说进行跨国并购的企业往往具有较高的生产率。如果银行知晓这一信息，就会在未进行过跨国并购的企业和已进行跨国并购的企业之间选择贷款给后者，因为后者彰显了其具有较高的生产率，更有能力偿还贷款的信号特征。由于可能存在这种双向因果关系，模型可能产生内生性问题。因此，我们将采用外源融资约束的滞后一期作为被解释变量进行稳健性检验，以减轻模型中可能存在的内生性。之所以采用外源融资约束的滞后一期对企业跨国并购进行回归，是因为只有在企业进行跨国并购后，银行信贷部门才能观测到高生产率的信号，企业的跨国并购并不会对上一期的信贷融资产生影响。估计结果如表 3 - 13 所示，除模型（3）外，外源融资约束的估计系数均为正且通过了显著性检验。说明外源融资约束的滞后一期项能显著影响企业的跨国并购决策，企业的外源融资能力越强，受到的外源融资约束越小，企业进行跨国并购的可能性越大。模型中的其他控制变量，也基本未发生变化，说明了模型的稳健可靠。

表 3 - 13　　融资约束对企业跨国并购的影响：稳健性检验（1）

变量名	模型（1）	模型（2）	模型（3）	模型（4）
	是否并购	是否并购	是否并购	是否并购
外源融资约束滞后一期	0.966 *** (0.195)	0.892 * (0.531)	0.879 (0.571)	1.058 ** (0.474)
全要素生产率		1.262 ** (0.522)	1.138 ** (0.551)	1.383 ** (0.602)
资本密集度		0.188 *** (0.0358)	0.197 *** (0.0382)	0.217 *** (0.0447)
企业成立年限		0.0629 (0.0437)	0.0722 (0.0509)	0.0704 (0.0505)
企业从业人数		0.481 *** (0.0550)	0.495 *** (0.0584)	0.488 *** (0.0592)

变量名	模型（1）是否并购	模型（2）是否并购	模型（3）是否并购	模型（4）是否并购
企业工资水平		0.121 *** (0.0457)	0.132 *** (0.0483)	0.106 ** (0.0463)
企业是否出口		0.153 (0.0985)	0.175 * (0.101)	0.128 (0.104)
私营企业			0.292 * (0.164)	0.308 * (0.161)
外资企业			−0.0208 (0.191)	−0.0898 (0.198)
港澳台企业			0.169 (0.161)	0.178 (0.162)
其他企业			0.265 ** (0.124)	0.253 ** (0.120)
赫芬达尔－赫希曼指数				3.408 ** (1.331)
化工业				0.122 (0.170)
机械业				0.342 ** (0.156)
轻工业				−0.0563 (0.193)
冶炼业				0.0657 (0.175)
常数项	−3.982 *** (0.0835)	−11.15 *** (1.353)	−11.19 *** (1.407)	−11.96 *** (1.511)
观测值	1886612	1354230	1354230	1354230

注：括号内数值为估计系数的标准差；*、**、*** 分别代表参数的估计值在10%，5%和1%的水平上显著。

（2）稳健性检验：流动性比率。

为了进一步验证回归结果的稳健性，我们借鉴格林纳威等（Greenaway et al.，2004）及阳佳余（2012）的一般性处理方法，采用流动性比率作为衡量企业外源融资约束的替代指标。流动性比率的衡量方法为企业流动资产与流动负债的差值占企业总资产的比重。企业流动资产、企业流动负债及企业总资产的数据来源于中国工业企业数据库。流动性比率是企业重要的财务指标，多用来衡量企业偿还短期债务的能力，也是银行给予企业融资与否的考量指标。流动性比率越高，说明企业受到外源融资约束的可能性越小。估计结果如表3-14所示，模型（1）~模型（4）中外源融资约束的估计系数均为正且通过了10%的显著性检验。说明外源融资约束能显著影响企业的跨国并购决策，企业的流动性比率越高，企业的外源融资能力越强，受到的外源融资约束越小，企业进行跨国并购的次数也越多。这与我们的预期一致。模型中的其他控制变量，全要素生产率、资本密集度、企业成立年限、企业从业人数、企业工资水平及企业是否出口的估计系数均为正，并且通过了显著性检验。这说明模型中的主要解释变量是影响企业跨国并购决策的重要因素。通过研究流动性比率指标对企业跨国并购决策的影响，再次验证了融资约束会抑制企业跨国并购行为，融资约束的缓解将促进企业跨国并购的结论，再次说明我们的模型和结论是稳健可靠的。

表3-14　　融资约束对企业跨国并购的影响：稳健性检验（2）

变量名	模型（1）是否并购	模型（2）是否并购	模型（3）是否并购	模型（4）是否并购
外源融资约束	0.110 ** (0.0462)	0.197 * (0.103)	0.184 * (0.104)	0.187 * (0.105)
全要素生产率		1.287 *** (0.410)	1.155 *** (0.436)	1.275 *** (0.484)
资本密集度		0.196 *** (0.0297)	0.198 *** (0.0317)	0.225 *** (0.0372)
企业成立年限		0.103 *** (0.0399)	0.106 ** (0.0426)	0.107 ** (0.0428)
企业从业人数		0.486 *** (0.0443)	0.495 *** (0.0472)	0.490 *** (0.0485)

变量名	模型（1） 是否并购	模型（2） 是否并购	模型（3） 是否并购	模型（4） 是否并购
企业工资水平		0.0794 * (0.0426)	0.105 ** (0.0474)	0.0715 (0.0455)
企业是否出口		0.142 * (0.0797)	0.176 ** (0.0831)	0.121 (0.0877)
私营企业			0.284 ** (0.126)	0.281 ** (0.126)
外资企业			− 0.0217 (0.148)	− 0.0957 (0.153)
港澳台企业			− 0.00629 (0.145)	− 0.0105 (0.147)
其他企业			0.242 ** (0.0990)	0.222 ** (0.0972)
赫芬达尔 – 赫希曼指数				2.844 ** (1.430)
化工业				0.0966 (0.159)
机械业				0.412 *** (0.144)
轻工业				0.0755 (0.167)
冶炼业				0.190 (0.153)
常数项	− 3.859 *** (0.0920)	− 11.17 *** (1.058)	− 11.11 *** (1.099)	− 11.65 *** (1.193)
观测值	2903228	2037906	2037906	2037906

注：括号内数值为估计系数的标准差；*、**、*** 分别代表参数的估计值在 10%，5% 和 1% 的水平上显著。

3.4　结　　论

中国跨国并购飞速发展，交易规模和交易数量屡创新高。值得注意的是，跨国并购作为中国企业对外直接投资的重要方式，需要具备更强的融资能力，在中国目前滞后的融资体系下，融资约束或许是影响中国企业跨国并购的重要因素。在此背景下，本章将 BVD – Zephyr 跨国并购企业数据库和中国工业企业数据库进行了逐一匹配，构建了包含企业并购年份，并购金额，并购国家，企业基本生产经营和财务信息等的多维数据库。在多维数据的支持下，本章依据异质性贸易理论的框架，基于梅里兹（2003），布赫（2010）的已有研究，通过构建 Probit 及 Poisson 回归模型，将融资约束纳入企业跨国并购决策的分析中，考察了内源融资约束、商业融资约束及外源融资约束对企业跨国并购决策的影响。在此基础之上，我们主要分析了外源融资约束对企业跨国并购连续并购、首次并购及并购次数的影响，并根据企业的所有制性质及行业类型进一步展开研究，最后针对模型中可能存在的内生性问题，本章采用外源融资约束指标的滞后一期项及流动性比率进行了稳健性检验。本章在如上关于外源融资约束对企业跨国行为影响的研究中，主要得出了如下结论：

第一，在基本回归中，我们验证了制约企业进行跨国并购的主要是外源融资约束，内源融资约束及商业融资约束并没有体现出对企业跨国并购决策的显著影响。因此，下文中我们主要分析了外源融资约束对企业跨国并购决策的影响，在逐步加入控制变量的情况下，外源融资约束的估计系数显著为正，这证明了我们的预期，即企业受到的外源融资约束越低，融资能力越强，企业进行跨国并购的可能性越高。模型中的其他控制变量如全要素生产率、资本密集度、企业成立年限、企业从业人数、企业工资水平、企业是否出口，也显示了对企业跨国并购决策的正向影响，与我们的预期基本一致。

第二，在扩展研究中，我们分析了融资约束对企业首次跨国并购及企业跨国并购次数的影响。在验证融资约束对企业首次跨国并购的影响时，我们依旧沿用 Probit 模型，但在分析融资约束对企业跨国并购次数

的影响时，我们将企业跨国并购次数作为被解释变量，采用了 Poisson
模型加以研究。结论显示，与外源融资约束对企业每次跨国并购的影响
相比，外源融资约束对企业首次跨国并购的估计系数数值更大，显著性
也更高，说明外源融资约束对企业首次跨国并购的影响要更为明显，企
业外源融资能力的增强可以显著提高企业进行首次跨国并购的可能性。
这与我们的预期相符合，因为企业首次进行跨国并购面临更高的成本。
在对企业跨国并购次数的研究上，回归结果显示外源融资约束影响十分
显著，这表明企业的外源融资能力越强，受到的外源融资约束越小，企
业进行跨国并购的次数也越多。这与我们的预期一致，多次进行跨国并
购的企业，更容易面临融资抑制问题，需要的融资支持也就越多。

第三，企业进行跨国并购对外源融资的依赖程度在不同所有制及不
同行业之间可能存在明显差别。我们将外源融资约束对不同所有制的影
响聚焦于国有企业、私营企业及外资企业，回归结果显示，外源融资约
束对私营企业跨国并购影响显著，而对国有企业和外资企业的估计系数
并不显著。这说明外源融资约束显著抑制了私营企业的跨国并购，外源
融资能力的增强则能够提高私营企业跨国并购的可能性，外源融资约束
对国有企业和外资企业的跨国并购并没有显著的影响，这与我们的预期
一致。因为国有企业及外资企业在所有制信贷歧视中处于优势地位，他
们的外源融资渠道比较畅通，而私营企业是信贷按所有制次序分配中受
到歧视的一方，其跨国并购决策容易受到外源融资的限制。在研究外源
融资约束对不同行业影响的回归分析中，我们主要分析了进行跨国并购
的企业所集中的主要行业，即轻工业、化工业、机械制造业以及冶炼
业。结论表明，外源融资约束对机械业及冶炼业跨国并购的估计系数均
为正且通过了1%的显著性检验，而化工业和轻工业的估计系数并不显
著。这表明机械业和冶炼业是受到外源融资约束程度比较高的行业，外
源融资约束的缓解将显著促进机械业和冶炼业的跨国并购可能性。这可
能是由于机械业和冶炼业所并购的国外企业较为庞大，所需融资数额较
大且还款周期较长，银行并不倾向于给此类行业提供融资。

第四，由于可能存在的控制变量遗漏问题及银行在选择对企业进行
融资支持时的双向因果关系问题，模型有可能产生内生性问题。因此，
我们将采用外源融资约束的滞后一期及流动性比率作为被解释变量进行
稳健性检验。外源融资约束滞后一期项的回归结果显示，其能显著影响

企业的跨国并购决策，企业的外源融资能力越强，受到的外源融资约束越小，企业进行跨国并购的可能性就越大。流动性比率的回归结果显示，流动性比率的估计系数为正且显著，说明企业的流动性比率越高，受到的外源融资约束程度越低，企业进行跨国并购的可能性也就越高。两次回归中，估计模型中其他控制变量的估计系数及显著性也基本未发生变化，充分证实模型和结论稳健可靠。

第4章 金融发展对跨国并购的影响

4.1 引　言

在第 3 章中我们已经验证，外源融资约束是影响中国企业跨国并购的重要因素，外源融资约束的缓解将显著促进企业跨国并购的可能性及企业跨国并购的次数。同时，在中国目前滞后的融资体系下，企业进行跨国并购受外源融资的抑制程度在不同的所有制及不同行业之间也存在明显差别。

第 4 章将专注探讨如何缓解外源融资约束，从而促进企业跨国并购的发展。已有研究证明金融发展能够缓解外源融资约束，现有文献多通过构建托宾模型、销售加速数模型或欧拉方程模型，基于不完全资本市场的假设，验证了金融发展可以减少资本市场的摩擦、提高融资信息的透明度及减低企业融资成本，从而可以改善企业外源融资环境，缓解外源融资约束。国外学者对金融发展缓解融资约束的研究如下：拉詹和津加莱斯（Rajan and Zingales，1998）认为一个国家发达的金融市场可以降低市场不完全性，促进高外源融资依赖度行业的发展。昆特和维奇（Kunt and Maksimovic，2002）发现一国高度发展的金融市场可以为企业提供完备透明的投融资信息，确保企业可以获得充足的外源资金。克莱森斯和莱文（2002）基于多国数据的研究也发现金融发展可以降低企业外源融资的获取成本，从而能更好支持高外源融资依赖度企业的发展。其他学者也得出了类似的结论，即金融发展可以通过降低资本市场信息不对称、政府监管不到位等金融摩擦降低企业的融资成本，从而缓解企业的融资约束（Love，2003；Beck，2003；Khurana et al.，2006）。

国内学者对上市公司数据的研究也得出了类似的结论，例如，朱红军等（2006）通过对中国上市公司数据的分析；李斌和江伟（2006）对 2001～2003 年沪深证券交易所的上市公司财务数据的分析；李增泉等（2008）对 88 家在中国证券市场上公开发行股票的民营企业的数据的分析；饶华春（2009）对 2003～2007 年上市公司财务数据和投资数据的分析；沈红波等（2010）对 2001～2006 年中国制造业企业上市公司数据的分析。另外，饶华春（2009）和沈红波等（2010）还发现金融发展对私营企业融资约束缓解的作用远超过国有企业。那么金融发展可以通过缓解外源融资约束的路径来促进跨国并购吗？

　　有部分研究发现金融发展是促进跨国并购的重要因素，但并未明确促进跨国并购的影响路径，而且这些研究多集中于金融发展对两国之间跨国并购流向的影响。如瓦斯康塞洛斯和基什（1998）使用 1982～1994 年间的并购数据利用 Logit 和多元线性回归模型，证实宏观变量尤其是债券市场利息率，汇率，股票价格会影响美国公司同欧洲四国的跨国并购数量及流向[①]。总体来看，股票市场，债券市场等金融市场愈发达，该国发起跨国并购的概率越大。陈等（2009）使用 1998～2005 年间 9 个东亚国家的并购数据，基于企业融资理论中的市场不完全假设，研究发现股票市场和债券市场的发展可以改善融资条件，进而促进东亚国家的跨国并购。罗西和沃尔平（2004）也指出金融市场发展是 M&A 流动的决定因素，他们发现并购活动在高会计准则和对股东保护程度高的国家更为活跃。乔万尼（2005）使用 1990～1999 年跨国并购的面板数据集，通过构建包括制度因素和金融变量的引力模型，发现发展程度高的金融市场可以为企业跨境并购投资提供必要的资本，制度因素和金融市场的发展对 M&A 的跨国流动具有显著的推动作用。玄等（2010）使用 101 个国家 1989～2005 年的双边跨国并购数据，研究了制度因素，金融深化以及地理因素对跨国并购流动的影响，发现跨国并购的金额取决于东道国的制度质量以及母国的金融深化程度，其中母国金融市场的发展程度对国内企业跨国促进作用，对发达国家和发展中国家一样适用。

　　但我们要从企业微观层面研究金融发展对跨国并购的影响路径，以

---

　　① 欧洲四国为德国、意大利、英国和法国。

上文献仅提供了宏观层面的研究结论，对本章的借鉴作用有限，因此需要探索金融发展对其他企业国际化决策微观层面研究的文献。在金融发展对一国企业出口及对外直接投资影响方面，已有较多文献进行了微观层面的研究。金融发展对企业对外直接投资影响方面，徐清（2015）通过建立多层线性模型和二元选择模型，基于省份和企业层面的数据验证了金融发展可以舒缓企业的融资约束，从而促进企业的对外直接投资。吕越和盛斌（2015）通过构建探索融资约束同企业国际化路径选择的理论模型以及李磊和包群（2015）通过检验信贷融资能力同中国工业企业对外直接投资的关系，也得出了类似的结论。金融发展对出口影响方面的研究较为丰富，马诺瓦（2008）、伯曼和赫里考特（2010）依旧使用国家层面数据研究了金融因素对企业出口决策及出口数量的正向影响。贝洛内等（2010）发现由于金融市场的不完全，政府可以进行有效干预及融资支持，以促进生产率高但受到融资约束的企业克服进入出口市场所需的沉没成本，进行国际化经营。钱和马诺瓦（2015）、钱尼（2011）、阿米蒂和韦恩斯坦（2011）、贝克尔等（2011）和埃斯帕诺（2007）都认为发达的金融体系可以为企业缓解融资约束从而对出口提供便利。中国学者也得出了类似的结论（林玲等，2009；朱彤和曹珂，2009；孙灵燕和崔喜君，2011；韩剑和王静，2012），并且陈磊和宋丽丽（2011）及韩剑和张凌（2012）的研究还发现金融发展对高外源融资度及低有形资产（资产抵押率较低）的行业具有显著的影响。而且在关于金融发展对出口或对外直接投资的研究中，大部分中国学者都基于国内存在信贷所有制歧视的特殊现实，比较分析了金融发展对不同所有制企业出口行为影响的差别。这些文献启发我们在对金融发展通过缓解融资约束路径对跨国并购影响的分析中，应当按照行业特征及所有制特征进行更细致的研究。

通过以上分析，我们发现未有文献系统地直接验证过本国不同地区金融发展水平对企业跨国并购的影响，也未有文献深入探讨过金融发展通过缓解外源融资约束的路径对跨国并购的促进作用。因此，实证检验金融发展水平对企业跨国并购的影响及金融发展通过缓解外源融资约束的路径对跨国并购的促进作用将是本章的重点。另外，本章也会就金融发展通过缓解外源融资约束路径从而促进企业进行跨国并购的机制进行更细致的扩展性研究，这包括分所有制研究、分行业研究、分生产率研究、分规模研究、分外源融资依赖度研究以及稳健性检验。本章余下的部分结构安排如下：第二部分为数据说明与模型设定，第三部分为对实证结果的分析，第四部分为结论。

4.2　数据说明与模型设定

4.2.1　数据说明

本章中跨国并购相关数据主要来源于 BVD – Zephyr 跨国并购企业数据库，企业层面数据主要来源于中国工业企业数据库，金融发展数据主要来源于各年的《中国金融年鉴》《中国地区金融生态环境评价》及中国人民银行网站。BVD – Zephyr 跨国并购企业数据库为欧洲著名的全球企业金融信息网络电子提供商，其涵盖了全球各行业包括上市公司与非上市公司的跨国并购及国内并购的多层次信息，最早的数据始于1997 年。中国工业企业数据库是国家统计局基于规模以上工业法人企业的经营成果信息和企业身份信息的目前为止最全面的企业层面的数据库。我们按照企业名称、年份、企业财务年报及网络披露的并购信息对 BVD – Zephyr 跨国并购企业数据库和中国工业企业数据库进行了逐一匹配，构建了包含企业并购年份，并购金额，并购国家，企业基本生产经营和财务信息等的多维数据库。其间我们按如下步骤整理了两个数据库的原始数据：第一，按照企业名称及企业发生跨国并购的年份对中国工业企业数据库与 BVD – Zephyr 跨国并购企业数据库进行了逐一匹配。第二，剔出了同一年份有重复记录或计算错误的观测值[①]。第三，剔出了主营业务收入小于 500 万元的企业；并删除了工业总产值、固定资产合计、工业中间投入合计、固定资产净值年平均余额、实收资本、负债合计、所有者权益合计、流动资产合计、流动负债合计、资产总计、工业销售产值、长期负债合计及本年应付工资总额小于零的观测值。第四，剔除了违背会计准则或逻辑关系的观测值，包括总资产小于固定资

[①]　借鉴了聂辉华等（2012）的处理方法。

55

产或流动资产；工业增加值大于工业总产值；当期折旧大于累计折旧；利息支出比例小于 0 及大于 1 以及应付账款比例小于 0 及大于 1 的观测值[①]。

4.2.2　计量模型的构建

被解释变量为是否进行跨国并购，是标准的二元变量，因此，我们采用 Probit 模型进行估计。根据梅里兹（2003），巴克（2003）及布赫（2010）等人的已有研究，我们将金融发展及融资约束因素纳入企业跨国并购决策的分析中，并基于中国企业跨国并购的现实情况将可能影响跨国并购决策的因素进行控制，构建的回归模型如下：

$$\Pr(\text{M\&A}_{ijt}) = \alpha_0 + \alpha_1 \text{FC}_{it} + \alpha_2 \text{FD}_{ijt} + \alpha_3 \text{FC}_{it} \times \text{FD}_{ijt} + \alpha_4 X_{it} + \alpha_5 Z_{it}$$
$$+ \text{location dummies} + \varepsilon_{ijt} \tag{4-1}$$

式（4-1）中，i 代表企业，j 代表企业所在省份，t 代表时间，$\text{M\&A}_{ijt}$ 是一个虚拟变量，代表企业是否选择跨国并购。FC_{it} 为衡量企业外源融资约束的指标。FD_{ijt} 为衡量金融发展水平的指标，包含金融规模指标、金融结构指标以及金融效率指标。$\text{FC}_{it} \times \text{FD}_{ijt}$ 为企业外源融资约束指标同企业所在省份金融发展指标的交叉项，以此来表示金融发展通过影响外源融资约束从而对跨国并购产生的影响。X_{it} 为企业层面的相关控制变量，具体包括全要素生产率的自然对数（lntfp_{it}）、资本密集度的自然对数（lnkl_{it}）、企业成立年限的自然对数（lnage_{it}）、企业从业人数的自然对数（lncyrs_{it}）、企业工资水平的自然对数（lnwage_{it}）及企业是否出口的虚拟变量（exp_{it}）。Z_{it} 为企业所有制及行业层面的虚拟变量，具体包括按工业企业数据库中企业注册登记编码划分的所有制类型、赫芬达尔-赫希曼指数表示的行业集中度以及按国民经济行业分类标准划分的五大类行业。Location dummies 表示省份虚拟变量，ε_{ijt} 表示误差项。

---

① 借鉴了孙灵燕和李荣林（2012）及阳佳余（2012）的处理方法。

4.2.3 变量说明

4.2.3.1 被解释变量 M&A$_{ijt}$

M&A$_{ijt}$作为企业跨国并购决策变量是取值为 0 或 1 的虚拟二元变量。如果企业 i 在样本期间第 t 年跨国并购金额大于 0，则表示企业在该年有跨国并购行为，M&A$_{ijt}$取值为 1；如果企业 i 在第 t 年跨国并购金额为 0，则表示企业在该年无跨国并购行为，M&A$_{ijt}$取值为 0。

4.2.3.2 主要解释变量

（1）衡量企业融资约束的指标。本章只关注于外源融资约束的研究，外源融资约束指标的选取，与已有文献类似，我们借鉴李和于（2009）及芬斯特拉等（2011）的一般性处理方法，采用企业利息支出与销售收入的比值作为外源融资约束的衡量指标。目前，中国的资本市场还不发达，企业进行跨国并购使用债券和股票融资等还有诸多限制和审批程序，因此，中国企业的主要外源融资方式为银行信贷，在本章的实证研究中，也主要以企业受到的银行信贷约束来衡量外源融资约束。企业利息支出的相对比例可衡量企业进行外源融资的成本，相对利息支出越多表明企业外源融资成本较低，外部借贷能力越强，即该指标值越高，表明该企业自身受到外源融资约束的可能性越低。综上，外源融资约束指标的数值越高，企业面临融资约束的可能性越低，企业的融资能力越强，这将对企业的跨国并购产生正向影响。

（2）FD$_{ijt}$为衡量金融发展水平的指标，包含金融规模指标、金融结构指标以及金融效率指标。金融规模指标（fv）我们借鉴戈德史密斯（1969）的方法，以金融资产总值与国内生产总值（GDP）的比值来衡量。此种方法被称为"戈氏指标"，被学者们广泛采用。本章中的具体计算方法为，分子以银行贷款总额、债券融资总额及股票融资总额之和作为金融资产总值，分母为各省份的生产总值，之后借鉴樊纲等（2011）及徐清（2014）的方法将比值进行标准化。金融结构指标（fs）我们借鉴巴克等（2000）及莱文（Levine，2002）对金融结构的界定，他们使用股市交易率与私人信贷部门交易率的比值表示金融结构

57

的活跃程度，以股市融资规模占银行融资规模的比例表示金融结构中直接融资与间接融资的规模构成。中国目前以银行贷款为来源的间接融资方式为企业主要的外源融资渠道，以股票融资和债券融资为代表的直接融资方式在资本市场不发达的情况下占比很小。因此，将直接融资结构代表金融结构的改革方向更具意义。本章中的具体计算方法为，将各省份直接融资总额与本省份融资总额的比值及各省份债券融资总额与本省份直接融资总额的比值借鉴樊纲等（2011）及徐清（2014）的方法将比值进行标准化，之后将两个分项的比值进行算术平均作为金融结构指标。金融效率指标（fe）我们借鉴莱文（1997）及云鹤等（2012）对金融效率的界定。莱文（1997）认为金融体系中的存款向私人贷款的转化能代表金融效率，将金融效率计算为非金融部门私人信贷总额与国内生产总值的比例。云鹤等（2012）提出金融效率中金融体系储蓄存款转化为私人贷款的效率以及资本配置效率是重要的。本章也以这两项指标来代表金融效率，具体计算借鉴樊纲等（2011）及徐清（2014）的方法，将储蓄转化率以贷款总额与城乡居民当期与上一期的储蓄存款年底余额之差的比值作为分项之一并进行标准化来衡量，将资本配置效率以私人部门贷款总额与贷款总额的比值作为分项之二并进行标准化来衡量，之后将两个分项的比值进行算术平均作为金融效率指标。私人部门信贷总额为信贷总额与国有部门信贷总额之差。国有部门信贷总额的计算借鉴黄玖立和冼国明（2010）及徐清（2014）的做法，将国有部门信贷总额等同于国有制造业企业的利息支出。根据贝克（2003）、罗西和沃尔平（2004）及乔万尼等（2005）的研究，我们预期金融发展将对跨国并购产生积极影响，因此金融规模指标、金融结构指标及金融效率指标符号应为正。$FC_{it} \times FD_{ijt}$ 为外源融资约束同金融发展指标的交叉项，旨在验证金融发展通过缓解外源融资约束的路径对跨国并购的影响。根据克莱森斯和莱因（2002）、勒沃（2003）、贝克（2003）及乔万尼（2005）等的研究，我们预期金融发展将缓解企业面临的外源融资约束，从而对跨国并购产生正向影响，因此金融规模指标、金融结构指标及金融效率指标分别同外源融资约束交叉项的符号应为正。

（3）全要素生产率。梅里兹（2003）及赫尔普曼等（2004）为代表的新新贸易理论提出生产率的高低是决定企业能否对外直接投资的重要因素，且生产率是决定企业对外直接投资的重要因素已在实证研究中得到证实（田巍和余淼杰，2012；陈恩等，2012；王方方和赵永亮，2012；汤晓军和张进铭，2013；韩剑，2015）。因此，我们在控制变量中加入全要素生产率，以检验中国企业的跨国并购行为是否与新新贸易理论的结论相符合，并预期全要素生产率对企业跨国并购将产生正向影响。由于用于计算全要素生产率的中国工业企业数据库，缺失 1999 年、2008 年和 2009 年中间投入品的数据，及缺失 2008 年和 2009 年工业增加值的数据，因此采用传统的索罗余值法进行测算。索罗余值法也即根据生产函数的残差估计法进行计算，将工业总产值作为被解释变量，固定资产净值与员工人数作为解释变量。由于 2004 年没有工业总产值的数据，我们借鉴刘小玄和李双杰（2008）的方法进行计算，计算公式如下：工业总产值 = 销售收入 + 期末存货 − 期初存货。依据会计准则及李磊和包群（2015），对于 2008 年和 2009 年缺失的固定资产净值推算为：固定资产合计 ×（1 − 计算期上一年的折旧率）。

（4）资本密集度。安特拉斯（2003）指出企业的资本密集度越高，企业开展对外直接投资的可能性越大。资本密集度越高，意味着企业更向资本密集型靠拢，表明企业可能更具有技术上的竞争优势，从而有利于企业的国际化行为。本章采用固定资产净值与员工人数的比值来表示。我们预期资本密集度对企业跨国并购将产生正向影响。

（5）企业成立年限。企业成立时间越长表明企业更可能拥有稳定的销售渠道，广泛的客户资源，完善的管理经验等竞争优势（于洪霞等，2011；葛顺奇和罗伟，2013）。本章采用样本观测期的年份与企业成立年份的差值来表示企业成立年限。我们预期企业成立年限对企业跨国并购将产生正向影响。

（6）企业从业人数。布洛姆斯托姆和利普西（1986）提出只有具有一定规模的企业才会决定对外投资，论证了企业规模的门槛效应。同时，由于规模越大的企业抵御风险的能力也越强，能在更大程度上应对跨国并购带来的不确定性。因此，企业规模越大进行跨国并购的可能性越大，我们预期企业从业人数对企业跨国并购将产生正向影响。不同学者采用了不同的衡量方法来表示企业规模，最常用的三个指标是销售收入、总资产与员工人数（Newburry et al.，2006；Buckley and Clegg，2007；Liu and Buck，2007）。理论上，三种衡量方法并不会对模型结论产生质的影响（孙灵燕和李荣林，2012），因此，本章采用中国工业企业数据库中既能衡量企业规模又能衡量企业劳动力状况的员工人数作为度量企业规模的指标。

（7）企业工资水平。企业的工资水平在一定程度上体现了企业的成本以及员工的人力资本。企业的工资水平越高意味着企业雇用了技术水平较高的员工。于洪霞等（2011）及阳佳余（2012）的研究均验证了企业的工资水平与其国际化经营之间的正相关关系。因此，我们预期企业工资水平对企业跨国并购将产生正向影响。本章采用年度应付工资总额与员工人数的比值来衡量。

（8）企业是否出口。企业进行跨国并购往往面临更多的不确定性与各类风险，过程更为复杂。如果企业之前有其他的国际化经营活动比如出口，则可以帮助企业获取东道国的信息，并为企业在东道国建立信誉，扩展市场与资源，从而为企业进行跨国并购助力（Oldenski，2012）。因此，我们预期企业的出口行为对企业跨国并购将产生正向影响。企业是否出口为虚拟变量，根据中国工业企业数据库中的出口交货值确定，如果出口交货值大于零，则取值为1，否则为0。

（9）其他控制变量。根据已有研究，我们又分别在所有制层面及行业层面构建了三类变量。所有制特征被认为是企业异质性的来源之一，因此我们根据企业的所有制特征，按照工业企业数据库中登记的注册类型，构建了六个二值虚拟变量：gy（如果是国有企业则取值为1，否则为0）、jt（如果是集体企业则取值为1，否则为0）、sy（如果是私营企业则取值为1，否则为0）、gat（如果是港澳台企业则取值为1，否则为0）、wz（如果是外资企业则取值为1，否则取值为0）以及qt（如果是其他企业则取值为1，否则取值为0）。行业层面我们构建了两类变量，一是表示企业所在行业市场集中度的赫芬达尔－赫希曼指数，二是中国跨国并购企业所在主要行业领域的虚拟变量。赫芬达尔－赫希曼指数是体现行业竞争程度的综合指标，其值越高，意味着该行业市场集中度越高，竞争程度越弱。中国跨国并购企业所在主要行业领域为轻工业（qg）、化工业（hg）、机械制造业（jx）以及冶炼业（yl），按照国民经济行业分类标准划分，如果行业编码为13~24，则qg取值为1，否则取值为0；如果行业编码为25~30，则hg取值为1，否则取值为0；如果行业编码为34~41，则jx取值为1，否则取值为0；如果行业编码为31~33，则yl取值为1，否则取值为0；如果行业编码在四个区间之外，则列为其他行业即 qthy 取值为 1，否则取值为 0。

4.2.4　统计描述

本章的样本观测区间为 1998 ~ 2011 年，通过对中国工业企业数据库与 BVD – Zephyr 跨国并购企业数据库进行处理，计算省级金融发展指标以及设定上述变量，我们共获得 3190578 个样本，其中具有完整跨国并购企业并购交易信息与企业经营财务信息的并购交易共有 100 笔，[①] 进行跨国并购企业的有效样本观测值为 797 个。

我们在表 4 – 1 ~ 表 4 – 2 中对全样本和分样本的主要解释变量进行统计描述。值得注意的是，第一，跨国并购企业利息支出占比平均值高于非跨国并购企业，这一统计现象说明受到的融资约束越小，融资能力越强的企业越能得以进行跨国并购，这与我们的理论预测相符合。第二，跨国并购企业的全要素生产率均值要高于非跨国并购企业四个百分点，也在统计层面证明了异质性贸易理论提出的生产率越高的企业才得以进行海外投资的结论。第三，跨国并购企业的资本密集度要明显高于非跨国并购企业，数据上可说明跨国并购企业更具有技术上的竞争优势。第四，跨国并购企业的工资水平也略高于非跨国并购企业，我们可根据此数据推测进行跨国并购的企业可能雇用了技术水平更高的技术工人，拥有更高的人力资本。第五，跨国并购企业中从事过出口活动的占比也明显高于非跨国并购企业，因此，在统计分析上，验证了我们之前认为拥有其他国际化经营活动的企业更可能进行跨国并购的预测。第六，跨国并购企业的赫芬达尔－赫希曼指数稍高于非跨国并购企业，因此，我们可以推测进行跨国并购的企业所在市场的竞争程度较弱，比非跨国并购企业具有垄断优势。第七，跨国并购企业的金融规模指标平均值为 5.2414 高于非跨国并购企业的 4.6686，同时跨国并购企业的金融结构指标平均值为 5.8029 高于非跨国并购企业的 4.6784，但跨国并购企业的金融效率指标平均值要低于非跨国并购企业金融效率指标的平均值。因此，从统计上可以推断跨国并购企业所在省份的金融规模要大于非跨国并购企业所在的省份，跨国并购企业所在省份的金融结构要优于

61

---

① 仅包括实际已完成并购的交易，并不包括宣布并购而实际未完成的案例。

非跨国并购企业所在的省份，这与我们的预期相符；跨国并购企业所在省份的金融效率要低于非跨国并购企业所在的省份，这与我们的预期不符。统计数据显示的结论是否正确还需要更严谨的实证检验。

表 4 – 1　　　　主要解释变量的统计描述——跨国并购企业

变量	定义	观测值	均值	标准差	最小值	最大值
wyfcb	利息支出占比	734	0.0283	0.0565	1.86E－08	0.9217
lntfp	全要素生产率	749	2.5269	0.1090	1.5025	2.7578
lnkl	资本密集度	797	5.1145	1.2848	0	11.2359
lnage	企业成立年限	791	2.6728	0.9875	0	3.9318
lncyrs	企业从业人数	797	7.1554	0.9413	2.9444	7.8632
lnwage	企业工资水平	689	2.7771	1.0423	－1.3024	4.2864
expif	企业是否出口	797	0.6863	0.4642	0	1
HHI	赫芬达尔－赫希曼指数	797	0.0050	0.0083	0.0002	0.1286
fv	金融规模	797	5.2414	4.9489	0	39.3099
fs	金融结构	797	5.8029	6.6482	0	41.9685
fe	金融效率	797	4.1440	1.3896	1.5062	7.7252

注：统计结果保留四位有效数字，全章同。

表 4 – 2　　　　主要解释变量的统计描述——非跨国并购企业

变量	定义	观测值	均值	标准差	最小值	最大值
wyfcb	利息支出占比	2990356	0.0164	0.0455	0	1
lntfp	全要素生产率	2711994	2.4803	0.1092	－0.6048	2.9997
lnkl	资本密集度	3190050	3.6904	1.4210	－7.0210	14.3609
lnage	企业成立年限	3088037	1.8928	0.9355	0	3.9318
lncyrs	企业从业人数	3190050	4.7349	1.1023	2.4849	7.8632
lnwage	企业工资水平	2606243	2.1294	1.1364	－1.5125	4.2864
expif	企业是否出口	3190051	0.2535	0.4350	0	1
HHI	赫芬达尔－赫希曼指数	3190051	0.0029	0.0048	0.0002	0.6341

续表

变量	定义	观测值	均值	标准差	最小值	最大值
fv	金融规模	3189781	4.6686	2.9077	0	39.3099
fs	金融结构	3189781	4.6784	3.8652	0	41.9685
fe	金融效率	3189781	4.7497	1.4784	0.4750	7.7253

　　表4-3～表4-5分别描述了各省份金融规模指标、金融结构指标及金融效率指标的数据分布情况。由表4-3可知，浙江（475682）、江苏（436854）、广东（391336）、山东（288342）及上海（167757）的样本观测值最多，说明这五大省份的工业企业数量较多，观测值最少的五大省份多分布在西部地区为新疆（16324）、宁夏（6230）、海南（6121）、青海（4065）及西藏（1706）。金融规模平均值较高的省份为北京、上海、浙江、天津及重庆，均为一线发达地区。由表4-4及表4-5可知，金融结构指标最高均值为北京（18.6206），最低均值为西藏地区（0.973），金融效率指标最高均值为浙江（6.8408），最低均值为甘肃（1.8462），整体看来，金融结构指标及金融效率指标均值较高的地方多分布在东部发达地区，中西部地区的均值较低，说明中国金融体系的发展地区不均衡现象十分明显。图4-1描述了各省份跨国并购企业占比，其中发达省份是指广东、北京、上海、天津、山东、浙江及福建，这6个省份地区跨国并购企业的观测值占比达56%，其他省份如湖北、甘肃、吉林及河北等占比均低于5%，而西藏、青海、广西及宁夏等地区占比为0，由此可见金融发展程度较高的省份，跨国并购企业的占比也较高，统计上可推测金融发展或许是促进企业进行跨国并购的重要因素。

表4-3　　　　　　　　　　各省金融规模指标统计描述

省份	观测值	均值	标准差	最小值	最大值
安徽	75182	4.2227	1.3008	2.6688	7.5524
北京	69960	15.9405	7.4986	10.0000	39.3099
福建	142652	4.3763	1.3518	2.9420	7.3896
甘肃	22053	3.6282	1.6291	1.2071	10.0302

省份	观测值	均值	标准差	最小值	最大值
广东	391336	4.0505	1.4845	2.2581	8.3480
广西	42282	4.0255	1.1656	2.8282	8.0815
贵州	22341	5.0864	0.9907	4.0207	7.7810
海南	6121	4.6342	2.0150	2.5148	9.6912
河北	115337	2.4142	1.1569	1.4430	6.2086
河南	140855	2.0911	0.6409	1.4916	4.4435
黑龙江	37494	1.1276	1.4745	0.0000	4.9158
湖北	89482	3.5027	1.2751	2.6575	7.6152
湖南	89599	3.0419	0.9439	1.8968	6.2273
吉林	36482	2.6445	0.8455	1.5623	5.4413
江苏	436854	4.3556	1.1670	3.1844	8.4137
江西	56196	3.3155	1.0048	2.0913	6.6249
辽宁	141703	4.1586	1.4770	2.7337	7.7760
内蒙古	29359	3.2973	0.5848	2.5370	5.2137
宁夏	6230	5.7893	1.7706	4.4687	10.9771
青海	4065	4.6842	2.6433	3.0567	11.3838
山东	288342	3.0891	0.8093	2.3279	5.5712
山西	47621	4.3245	1.3797	2.4112	8.2579
陕西	30476	4.1665	1.9207	2.3412	8.3567
上海	167757	7.7737	1.9380	6.0155	13.6155
四川	79769	3.9052	2.1758	1.6904	9.6339
天津	66160	5.8342	2.4672	4.2580	13.9783
西藏	1706	3.1099	1.1003	0.6726	6.3113
新疆	16324	2.5553	2.1291	1.3664	7.9997
云南	25690	4.9748	1.9595	3.5653	10.7067
浙江	475682	6.5746	1.9254	4.2157	12.5924
重庆	35477	5.8142	1.9917	4.0362	12.1513

表4-4 各省金融结构指标统计描述

变量	观测值	均值	标准差	最小值	最大值
安徽	75182	5.5759	2.4889	2.3820	9.1495
北京	69960	18.6206	12.7513	6.1621	41.9685
福建	142652	2.7737	2.0552	0.3293	6.0020
甘肃	22053	3.0771	2.7322	0.0000	9.4162
广东	391336	3.9748	2.8790	0.5686	9.3083
广西	42282	2.8458	2.2330	0.5283	7.4112
贵州	22341	2.0272	2.0004	0.1729	5.5395
海南	6121	3.4525	5.2174	0.0000	14.7012
河北	115337	4.6261	2.4346	2.5583	10.8516
河南	140855	4.2436	1.7929	0.1149	8.6580
黑龙江	37494	2.8532	2.9967	0.0000	9.0105
湖北	89482	6.1162	2.3212	4.0105	10.6315
湖南	89599	6.4384	1.0035	5.2933	8.5217
吉林	36482	2.4669	2.6604	0.0000	6.7917
江苏	436854	4.0947	2.1872	1.5057	8.1409
江西	56196	3.6090	3.1233	0.1149	8.5242
辽宁	141703	6.1172	1.2048	4.7860	8.5745
内蒙古	29359	6.2335	0.4274	5.3256	6.8406
宁夏	6230	1.9034	2.6399	0.0000	8.0223
青海	4065	2.3633	3.5860	0.0000	11.2841
山东	288342	4.9604	1.3576	3.4721	7.7164
山西	47621	5.2778	5.2235	0.0765	14.9593
陕西	30476	2.3739	2.9656	0.0573	8.5014
上海	167757	6.1782	4.7428	0.7110	12.4720
四川	79769	2.9312	2.4468	0.3293	6.6169
天津	66160	4.6394	2.6033	0.0000	10.3109
西藏	1706	0.9730	4.2733	0.0000	20.6250
新疆	16324	7.8312	2.0396	4.0173	11.6532

变量	观测值	均值	标准差	最小值	最大值
云南	25690	2.9351	3.0307	0.3687	8.5814
浙江	475682	3.7533	1.6444	1.6031	6.6611
重庆	35477	4.5996	1.0088	3.1800	6.7590

表4-5　　　　　　　　各省金融效率指标统计描述

变量	观测值	均值	标准差	最小值	最大值
安徽	75182	3.7480	0.4551	3.1635	4.5473
北京	69960	3.1850	0.4644	2.0920	3.9659
福建	142652	5.7861	0.3677	4.8918	6.3561
甘肃	22053	1.8462	0.3651	1.5062	2.9438
广东	391336	4.5383	0.3937	4.1820	5.5952
广西	42282	3.8018	0.3541	3.2220	4.8836
贵州	22341	2.5153	0.3022	2.3215	3.4567
海南	6121	5.5619	0.8171	3.4658	6.4971
河北	115337	3.4230	0.4517	2.9612	4.4617
河南	140855	3.2599	0.7885	2.4187	4.5767
黑龙江	37494	2.2228	0.6997	1.6081	3.5522
湖北	89482	2.9581	0.3500	2.6565	3.5079
湖南	89599	3.5564	0.5622	2.9658	5.0162
吉林	36482	2.9887	0.9608	1.9310	4.3284
江苏	436854	6.3133	0.3716	5.9417	7.3194
江西	56196	3.2179	0.9447	2.2756	4.8740
辽宁	141703	3.5249	0.5408	2.9294	4.6203
内蒙古	29359	3.8389	0.5969	3.3198	5.0172
宁夏	6230	3.5910	0.6924	2.9554	5.0287
青海	4065	2.3390	0.6999	1.6083	4.0063
山东	288342	5.0550	0.5509	4.4758	6.2189
山西	47621	3.1110	0.1716	3.0225	3.6098

变量	观测值	均值	标准差	最小值	最大值
陕西	30476	2.6443	0.4061	2.1722	3.5618
上海	167757	4.6536	0.3018	4.3701	5.2452
四川	79769	3.7830	0.8673	2.9854	5.3065
天津	66160	3.8925	0.6893	3.2474	5.4032
西藏	1706	2.0682	1.3073	0.4750	5.6670
新疆	16324	2.6524	0.5203	1.8172	3.8672
云南	25690	3.2404	0.7329	2.5986	4.6602
浙江	475682	6.8408	0.3325	6.1574	7.7253
重庆	35477	3.7541	0.8097	2.9128	5.2989

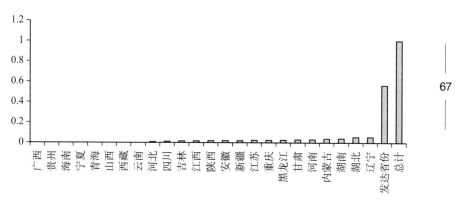

图 4-1 研究样本中各省份跨国并购企业占比

注：发达省份是指广东、北京、上海、天津、山东、浙江、福建。

4.3 实证结果分析

4.3.1 金融发展对跨国并购的直接影响

本部分首先对金融发展对跨国并购的直接影响予以实证检验，因此，将式（4-1）变形为：

$$\Pr(\text{M\&A}_{ijt}) = \alpha_0 + \alpha_1 \text{FD}_{ijt} + \alpha_2 X_{it} + \alpha_3 Z_{it} + \text{location dummies} + \varepsilon_{ijt}$$

$$(4-2)$$

下面，本节使用 Probit 模型对金融发展对企业跨国并购行为的影响进行分析。Probit 模型的被解释变量是二元变量且其发生概率服从累积正态分布。其假设每一样本都面临非此即彼的选择，解释变量作为可辨识的特征决定了被解释变量作出某一特定选择的概率。本节中企业是否进行跨国并购作为被解释变量是标准的二值变量，适合采用 Probit 回归模型进行估计。金融发展的三个指标，金融规模指标，金融结构指标及金融效率指标分别代表了金融发展的三个维度，但在计算上存在数据重叠，导致三者之间相关性较强，因此，我们将三个指标分别代入回归模型进行实证检验。

表 4-6 显示了金融规模对企业跨国并购影响的基本回归结果。模型（1）~模型（4）报告了金融规模指标对跨国并购的影响逐步加入控制变量的估计结果。模型（1）作为基础模型只加入了金融规模指标，其估计系数显著为正，且通过了 1% 的显著性检验，这证明了我们的预期，即金融规模越大，企业进行跨国并购的可能性越高。模型（2）加入了企业层面的控制变量包括全要素生产率、资本密集度、企业成立年限、企业从业人数、企业工资水平、企业是否出口。此回归方程中金融规模指标估计系数依旧显著为正，说明金融规模的扩张对企业跨国并购行为的正向促进作用明显。模型（3）又加入了所有制虚拟变量，控制了模型所有制层面的特征，回归方程中金融规模指标估计系数依旧显著为正且通过了 1% 的显著性检验，说明在控制了企业所有制特征后结论依然稳健。模型（4）又加入了赫芬达尔指数及行业虚拟变量，控制了模型行业层面的特征。我们发现金融规模指标估计系数的符号为正且通过了 5% 的显著性检验，可见设定的基础模型相当稳健，金融规模的扩张将显著促进企业进行跨国并购的可能性。因此，本部分的估计结果与预期相符。

对于企业跨国并购决策的其他影响因素，我们的实证结果表明：①企业全要素生产率在三个回归方程中的估计系数均为正，且通过了 1% 的显著性检验。这一估计结果与异质性企业贸易理论所强调的生产率是影响企业进行海外投资的重要因素，只有生产率较高的企业才能顺利实现国际化战略的结论一致。②企业资本密集度在三个回归方程中的估计系数为正且数值逐步增加，并通过了 1% 的显著性检验。说明资本密集度高的企业可能更具有技术上的竞争优势，有利于企业进行跨国并购，估计结果符合预期。③企业成立年限在三个回归方程中的估计系数为正，且通过了 5% 的显著性检验。说明企业成立的时间越长，更可能拥有稳定的销售渠道，广泛的客户资源，完善的管理经验等竞争优势，企业越可能进行跨国并购，估计结果符合预期。④企业从业人数的估计系数为正，且通过了 1% 的显著性检验。说明企业从业人数越多，企业的规模越大，企业进行跨国并购的可能性越大，估计结果符合预期。⑤企业的工资水平的估计系数为正，但是在三个回归方程中都不显著。说明企业的工资水平对跨国并购的正向影响效应并不稳健，未证明我们的预期。⑥企业出口参与的估计系数为正但是在模型（4）中并不显著，在模型（2）中通过了 10% 的显著性检验，在模型（3）中通过了 5% 的显著性检验。说明企业的出口参与对跨国并购的正向影响效应并不稳健，未完全验证我们认为出口行为将促进企业跨国并购的预期。⑦赫芬达尔指数的估计系数为正，且通过了 5% 的显著性检验，因此，我们可以推测赫芬达尔指数越高，企业所在市场的竞争程度越弱，当企业具有某种程度的垄断优势时，企业进行跨国并购的可能性更大。⑧另外，在所有制虚拟变量的估计结果显示，私营企业和其他企业类型的估计系数为正且通过了 1% 的显著性检验，港澳台企业和外资企业的估计系数为正，但并不显著。说明相对于国有企业，私营企业与其他企业类型更倾向进行跨国并购，港澳台企业和外资企业则没有表现出这种倾向。在行业虚拟变量的估计结果中，只有机械业的估计系数为正且通过了 10% 的显著性检验，化工业、轻工业和冶炼业的估计系数均不显著，说明相对于化工业、轻工业和冶炼业，机械业更倾向进行跨国并购。

表 4 - 6 金融规模对企业跨国并购的影响：基本结果

变量名	模型（1）	模型（2）	模型（3）	模型（4）
	是否并购	是否并购	是否并购	是否并购
金融规模	0.0155 *** (0.00552)	0.0235 ** (0.0103)	0.0251 ** (0.0103)	0.0226 ** (0.0104)

变量名	模型（1）是否并购	模型（2）是否并购	模型（3）是否并购	模型（4）是否并购
全要素生产率		1.403 *** （0.407）	1.236 *** （0.431）	1.329 *** （0.514）
资本密集度		0.209 *** （0.0304）	0.221 *** （0.0320）	0.247 *** （0.0355）
企业成立年限		0.0873 ** （0.0382）	0.108 ** （0.0423）	0.108 ** （0.0424）
企业从业人数		0.460 *** （0.0450）	0.478 *** （0.0480）	0.475 *** （0.0490）
企业工资水平		0.0881 （0.0565）	0.101 （0.0635）	0.0726 （0.0572）
企业是否出口		0.146 * （0.0792）	0.171 ** （0.0830）	0.122 （0.0862）
私营企业			0.399 *** （0.118）	0.411 *** （0.118）
外资企业			0.0517 （0.152）	- 0.0102 （0.159）
港澳台企业			0.0956 （0.143）	0.0975 （0.144）
其他企业			0.311 *** （0.0923）	0.303 *** （0.0903）
化工业				0.00946 （0.191）
机械业				0.325 * （0.178）
轻工业				- 0.0177 （0.204）
冶炼业				0.0930 （0.189）
赫芬达尔－赫希曼指数				2.635 ** （1.068）

变量名	模型（1）	模型（2）	模型（3）	模型（4）
	是否并购	是否并购	是否并购	是否并购
常数项	-4.080*** (0.0381)	-11.89*** (1.029)	-11.96*** (1.081)	-12.31*** (1.200)
观测值	3190578	2298877	2298877	2298877

注：括号内数值为估计系数的标准差；*、**、***分别代表参数的估计值在10%，5%和1%的水平上显著。

表4-7显示了金融结构对企业跨国并购影响的基本回归结果。模型（1）~模型（4）报告了金融结构指标对跨国并购的影响逐步加入控制变量的估计结果。模型（1）作为基础模型只加入了金融结构指标，其估计系数显著为正，且通过了1%的显著性检验，这证明了我们的预期，即金融结构越合理，企业进行跨国并购的可能性越高。模型（2）加入了企业层面的控制变量包括全要素生产率、资本密集度、企业成立年限、企业从业人数、企业工资水平、企业是否出口。此回归方程中金融结构指标估计系数依旧显著为正，且通过了1%的显著性检验，说明金融结构的优化对企业跨国并购行为的正向促进作用明显。模型（3）又加入了所有制虚拟变量，控制了模型所有制层面的特征，回归方程中金融结构指标估计系数依旧显著为正且通过了1%的显著性检验，说明在控制了企业所有制特征后结论依然稳健。模型（4）又加入了赫芬达尔指数及行业虚拟变量，控制了模型行业层面的特征。我们发现金融结构指标估计系数的符号为正且通过了1%的显著性检验，可见设定的基础模型相当稳健，金融结构的优化将显著促进企业进行跨国并购的可能性。因此，本部分的估计结果与预期相符。

表4-7　　金融结构对企业跨国并购的影响：基本结果

变量名	模型（1）	模型（2）	模型（3）	模型（4）
	是否并购	是否并购	是否并购	是否并购
金融结构	0.0136*** (0.00303)	0.0157*** (0.00464)	0.0159*** (0.00516)	0.0146*** (0.00500)

变量名	模型（1） 是否并购	模型（2） 是否并购	模型（3） 是否并购	模型（4） 是否并购
全要素生产率		1.400 *** （0.409）	1.234 *** （0.435）	1.334 *** （0.518）
资本密集度		0.204 *** （0.0294）	0.216 *** （0.0310）	0.242 *** （0.0347）
企业成立年限		0.0849 ** （0.0382）	0.106 ** （0.0421）	0.106 ** （0.0422）
企业从业人数		0.455 *** （0.0441）	0.473 *** （0.0469）	0.472 *** （0.0481）
企业工资水平		0.0975 * （0.0526）	0.110 * （0.0594）	0.0817 （0.0539）
企业是否出口		0.158 ** （0.0784）	0.184 ** （0.0826）	0.131 （0.0862）
私营企业			0.398 *** （0.119）	0.409 *** （0.119）
外资企业			0.0576 （0.152）	-0.00738 （0.159）
港澳台企业			0.0986 （0.143）	0.0976 （0.144）
其他企业			0.306 *** （0.0925）	0.298 *** （0.0905）
化工业				0.00814 （0.190）
机械业				0.325 * （0.177）
轻工业				-0.0166 （0.203）
冶炼业				0.0854 （0.188）
赫芬达尔 – 赫希曼指数				2.707 ** （1.063）

变量名	模型（1）	模型（2）	模型（3）	模型（4）
	是否并购	是否并购	是否并购	是否并购
常数项	- 4.074 *** (0.0295)	- 11.81 *** (1.045)	- 11.88 *** (1.098)	- 12.26 *** (1.219)
观测值	3190578	2298877	2298877	2298877

注：括号内数值为估计系数的标准差；＊、＊＊、＊＊＊分别代表参数的估计值在10%，5%和1%的水平上显著。

在本模型中，对于企业跨国并购决策的其他影响因素，我们的实证结果与金融规模的回归结果基本一致，差异在于：第一，企业的工资水平在模型（2）和模型（3）中的估计系数为正，且通过了10%的显著性检验，但是在模型（4）中估计系数为正但不显著。说明企业的工资水平对跨国并购的正向影响效应并不十分稳健，未充分证明我们的预期。第二，企业出口参与的估计系数为正但是在模型（4）中并不显著，在模型（2）和模型（3）中通过了5%的显著性检验。说明企业的出口参与对跨国并购的正向影响效应并不稳健，未完全验证我们认为出口行为将促进企业跨国并购的预期。

表4-8显示了金融效率对企业跨国并购的影响的基本回归结果。模型（1）~模型（4）报告了金融效率指标对跨国并购的影响逐步加入控制变量的估计结果。模型（1）作为基础模型只加入了金融效率指标，其估计系数显著为负，且通过了1%的显著性检验，这与我们的预期不一致。模型（2）加入了企业层面的控制变量包括全要素生产率、资本密集度、企业成立年限、企业从业人数、企业工资水平、企业是否出口。此回归方程中金融效率指标估计系数依旧显著为正，且通过了1%的显著性检验，说明金融效率的提升对企业跨国并购行为的正向促进作用明显。模型（3）又加入了所有制虚拟变量，控制了模型所有制层面的特征，回归方程中金融效率指标估计系数依旧显著为正且通过了1%的显著性检验，说明在控制了企业所有制特征后结论依然稳健。模型（4）又加入了赫芬达尔指数及行业虚拟变量，控制了模型行业层面的特征。我们发现金融效率指标估计系数的符号为正且通过了1%的显著性检验，可见设定的基础模型相当稳健，金融效率的提升将显著促进企业进行跨国并购的可能性。因此，本部分的估计

结果与预期相符。

表 4-8　　　　金融效率对企业跨国并购的影响：基本结果

变量名	模型（1）是否并购	模型（2）是否并购	模型（3）是否并购	模型（4）是否并购
金融效率	-0.0530 *** (0.0154)	0.216 *** (0.0677)	0.190 *** (0.0684)	0.198 *** (0.0688)
全要素生产率		1.560 *** (0.442)	1.429 *** (0.474)	1.540 *** (0.554)
资本密集度		0.217 *** (0.0292)	0.233 *** (0.0305)	0.256 *** (0.0347)
企业成立年限		0.102 ** (0.0402)	0.131 *** (0.0434)	0.130 *** (0.0434)
企业从业人数		0.468 *** (0.0443)	0.492 *** (0.0480)	0.489 *** (0.0492)
企业工资水平		0.0715 (0.0511)	0.0760 (0.0551)	0.0518 (0.0496)
企业是否出口		0.179 ** (0.0849)	0.208 ** (0.0855)	0.159 * (0.0873)
私营企业			0.476 *** (0.117)	0.485 *** (0.116)
外资企业			0.0597 (0.145)	-0.00510 (0.153)
港澳台企业			0.0481 (0.159)	0.0560 (0.160)
其他企业			0.346 *** (0.0941)	0.333 *** (0.0929)
化工业				-0.0124 (0.192)
机械业				0.319 * (0.175)

变量名	模型（1）是否并购	模型（2）是否并购	模型（3）是否并购	模型（4）是否并购
轻工业				-0.0512 (0.197)
冶炼业				0.0563 (0.190)
赫芬达尔-赫希曼指数				2.195 (1.378)
常数项	-3.763*** (0.0708)	-12.58*** (1.171)	-12.68*** (1.234)	-13.15*** (1.365)
观测值	3190578	2122735	2122735	2122735

注：括号内数值为估计系数的标准差；*、**、***分别代表参数的估计值在10%，5%和1%的水平上显著。

在本模型中，对于企业跨国并购决策的其他影响因素，我们的实证结果表明：①企业全要素生产率在三个回归方程中的估计系数均为正，且通过了1%的显著性检验。这一估计结果与异质性企业贸易理论所强调的生产率是影响企业进行海外投资的重要因素，只有生产率较高的企业才能顺利实现国际化战略的结论一致。②企业资本密集度在三个回归方程中的估计系数为正且数值逐步增加，并通过了1%的显著性检验。说明资本密集度高的企业可能更具有技术上的竞争优势，有利于企业进行跨国并购，估计结果符合预期。③企业成立年限的估计系数为正，在模型（2）中通过了5%的显著性检验，在模型（3）和模型（4）中通过了1%的显著性检验。说明企业成立的时间越长，更可能拥有稳定的销售渠道、广泛的客户资源、完善的管理经验等竞争优势，企业越可能进行跨国并购，估计结果符合预期。④企业从业人数在三个方程中的估计系数均为正，且通过了1%的显著性检验。说明企业从业人数越多，企业的规模越大，企业进行跨国并购的可能性越大，估计结果符合预期。⑤企业的工资水平在三个方程中均不显著。说明企业的工资水平对跨国并购的正向影响效应并不能确定，未充分证明我们的预期。⑥企业出口参与的估计系数为正，在模型（2）和模型（3）中通过了5%的显著性检验，在模型（4）中通过了10%的显著性检验。说明企业的出口参与对跨国并购的正向影响效应比较稳健，验证了我们认为出口行为将促进企业跨国并购的预期。⑦赫芬达尔指数的估计系数为正，但并不显著，因此，我们不能确定市场集中度对企业跨国并购的影响。⑧另外，在所有制虚拟变量的估计结果显示，私营企业和其他企业类型的估计系数为正且通过了1%的显著性检验，港澳台企业和外资企业的估计系数为正，但并不显著。说明相对于国有企业，私营企业与其他企业类型更倾向进行跨国并购，港澳台企业和外资企业则没有表现出这种倾向。在行业虚拟变量的估计结果中，只有机械业的估计系数为正且通过了10%的显著性检验，化工业、轻工业和冶炼业的估计系数均不显著，说明相对于化工业、轻工业和冶炼业，机械业更倾向进行跨国并购。

由表4-6~表4-8可知，金融规模指标、金融结构指标及金融效率指标的估计系数都为正且显著，说明三者作为金融发展水平的代表均对跨国并购有显著的促进作用，这与我们的预期一致。其中金融效率指标的估计系数最大，金融规模指标的估计系数居中，金融结构指标的估计系数最小，我们可以推测金融效率对企业跨国并购决策的影响最大，金融规模次之，金融结构最后。

4.3.2 金融发展对跨国并购的影响——外源融资约束路径

在4.3.1节中，我们已经验证了代表金融发展三个维度的指标，金融规模、金融结构及金融效率均对跨国并购有显著促进作用，这与我们的预期相符，那么金融发展是通过缓解外源融资约束的路径促进跨国并购吗？本节将对这一机制加以验证，这种机制通过金融发展与外源融资约束的交叉项来检验。由于金融发展指标及外源融资约束同两者交叉项之间的相关性太强，我们将式（4-1）变形为：

$$\Pr(M\&A_{ijt}) = \alpha_0 + \alpha_1 FC_{it} \times FD_{ijt} + \alpha_2 X_{it} + \alpha_3 Z_{it}$$
$$+ \text{location dummies} + \varepsilon_{ijt} \qquad (4-3)$$

下面，本节将使用Probit模型对金融发展通过缓解外源融资约束的路径对企业跨国并购行为的影响进行分析。金融发展的三个指标，金融规模指标，金融结构指标及金融效率指标分别代表了金融发展的三个维度，但在计算上存在数据重叠，导致三者之间相关性较强，因此，我们将三个指标与外源融资约束的交叉项分别代入回归模型进行实证检验。

表 4 - 9 显示了金融规模指标与外源融资约束交叉项对企业跨国并购影响的基本回归结果。模型（1）~ 模型（4）报告了金融规模指标与外源融资约束交叉项对跨国并购的影响逐步加入控制变量的估计结果。模型（1）作为基础模型只加入了金融规模指标与外源融资约束交叉项，其估计系数显著为正，且通过了 1% 的显著性检验，这与我们的预期一致。模型（2）加入了企业层面的控制变量包括全要素生产率、资本密集度、企业成立年限、企业从业人数、企业工资水平、企业是否出口。此回归方程中金融规模指标与外源融资约束交叉项估计系数依旧显著为正，且通过了 1% 的显著性检验，说明金融规模的扩张可以缓解企业面临的外源融资约束从而对企业跨国并购行为产生正向影响。模型（3）又加入了所有制虚拟变量，控制了模型所有制层面的特征，回归方程中金融规模指标与外源融资约束交叉项估计系数依旧显著为正且通过了 1% 的显著性检验，说明在控制了企业所有制特征后结论依然稳健。模型（4）又加入了赫芬达尔指数及行业虚拟变量，控制了模型行业层面的特征。我们发现金融规模指标与外源融资约束交叉项估计系数的符号为正且通过了 1% 的显著性检验，可见设定的基础模型相当稳健，金融规模的扩张将通过舒缓企业外源融资约束的路径显著促进企业进行跨国并购的可能性。因此，本部分的估计结果与预期相符。

表 4 - 9　　　　金融规模对企业跨国并购的影响：融资约束途径

变量名	模型（1）	模型（2）	模型（3）	模型（4）
	是否并购	是否并购	是否并购	是否并购
金融规模 × 外源融资约束	0. 136 *** (0. 0292)	0. 233 *** (0. 0470)	0. 229 *** (0. 0464)	0. 232 *** (0. 0478)
全要素生产率		2. 168 *** (0. 476)	2. 050 *** (0. 507)	2. 286 *** (0. 590)
资本密集度		0. 185 *** (0. 0304)	0. 199 *** (0. 0326)	0. 220 *** (0. 0377)
企业成立年限		0. 102 ** (0. 0440)	0. 126 *** (0. 0490)	0. 125 *** (0. 0485)

变量名	模型（1） 是否并购	模型（2） 是否并购	模型（3） 是否并购	模型（4） 是否并购
企业从业人数		0.492 *** (0.0485)	0.516 *** (0.0524)	0.518 *** (0.0540)
企业工资水平		0.107 ** (0.0439)	0.118 *** (0.0448)	0.0946 ** (0.0442)
企业是否出口		0.192 ** (0.0898)	0.225 ** (0.0913)	0.168 * (0.0938)
私营企业			0.451 *** (0.133)	0.451 *** (0.132)
外资企业			0.0883 (0.157)	0.0266 (0.162)
港澳台企业			-0.0202 (0.179)	-0.0166 (0.179)
其他企业			0.302 *** (0.113)	0.279 ** (0.110)
化工业				-0.0433 (0.184)
机械业				0.219 (0.159)
轻工业				-0.128 (0.187)
冶炼业				-0.0258 (0.179)
赫芬达尔-赫希曼指数				-4.265 (5.904)
常数项	-3.589 *** (0.131)	-13.36 *** (1.299)	-13.56 *** (1.349)	-14.25 *** (1.506)
观测值	2327379	1526396	1526396	1526396

注：括号内数值为估计系数的标准差；*、**、*** 分别代表参数的估计值在10%，5%和1%的水平上显著。

　　在本模型中，对于企业跨国并购决策的其他影响因素，我们的实证结果表明：①企业全要素生产率在三个回归方程中的估计系数均为正，且通过了1%的显著性检验。这一估计结果与异质性企业贸易理论所强调的生产率是影响企业进行海外投资的重要因素，只有生产率较高的企业才能顺利实现国际化战略的结论一致。②企业资本密集度在三个回归方程中的估计系数为正且数值逐步增加，并通过了1%的显著性检验。说明资本密集度高的企业可能更具有技术上的竞争优势，有利于企业进行跨国并购，估计结果符合预期。③企业成立年限的估计系数为正，在模型（2）中通过了5%的显著性检验，在模型（3）和模型（4）中通过了1%的显著性检验。说明企业成立的时间越长，更可能拥有稳定的销售渠道，广泛的客户资源，完善的管理经验等竞争优势，企业越可能进行跨国并购，估计结果符合预期。④企业从业人数在三个模型中的估计系数均为正，且通过了1%的显著性检验。说明企业从业人数越多，企业的规模越大，企业进行跨国并购的可能性越大，估计结果符合预期。⑤企业的工资水平估计系数均为正，在模型（2）和模型（4）中通过了5%的显著性检验，在模型（3）中通过了1%的显著性检验。说明企业的工资水平对跨国并购的正向影响效应显著，与我们的预期一致。⑥企业出口参与的估计系数为正，在模型（2）和模型（3）中通过了5%的显著性检验，在模型（4）中通过了10%的显著性检验。说明企业的出口参与对跨国并购的正向影响效应比较稳健，验证了我们认为出口行为将促进企业跨国并购的预期。⑦赫芬达尔指数的估计系数为负，但并不显著，因此，我们不能确定市场集中度对企业跨国并购的影响。⑧另外，在所有制虚拟变量的估计结果显示，私营企业和其他企业类型的估计系数为正且通过了1%的显著性检验，港澳台企业和外资企业的估计系数为正，但并不显著。说明相对于国有企业，私营企业与其他企业类型更倾向于进行跨国并购，港澳台企业和外资企业则没有表现出这种倾向。在行业虚拟变量的估计结果中，机械业、化工业、轻工业和冶炼业的估计系数均不显著，说明行业之间并没有体现出进行跨国并购的倾向性。

　　表4-10显示了金融结构指标与外源融资约束交叉项对企业跨国并购影响的基本回归结果。模型（1）~模型（4）报告了金融结构指标与外源融资约束交叉项对跨国并购的影响逐步加入控制变量的估计结果。

模型（1）作为基础模型只加入了金融结构指标与外源融资约束交叉项，其估计系数显著为正，且通过了1%的显著性检验，这与我们的预期一致。模型（2）加入了企业层面的控制变量，包括全要素生产率、资本密集度、企业成立年限、企业从业人数、企业工资水平、企业是否出口。此回归方程中金融结构指标与外源融资约束交叉项估计系数依旧显著为正，且通过了1%的显著性检验，说明金融结构的优化可以缓解企业面临的外源融资约束从而对企业跨国并购行为产生正向影响。模型（3）又加入了所有制虚拟变量，控制了模型所有制层面的特征，回归方程中金融结构指标与外源融资约束交叉项估计系数依旧显著为正且通过了1%的显著性检验，说明在控制了企业所有制特征后结论依然稳健。模型（4）又加入了赫芬达尔指数及行业虚拟变量，控制了模型行业层面的特征。我们发现金融结构指标与外源融资约束交叉项估计系数的符号为正且通过了1%的显著性检验，且估计系数数值比模型（1）有所提高，可见设定的基础模型相当稳健，金融结构的优化将通过舒缓企业外源融资约束的路径显著的促进企业进行跨国并购的可能性。因此，本部分的估计结果与预期相符。

80

表4-10　　　金融结构对企业跨国并购的影响：融资约束途径

变量名	模型（1）是否并购	模型（2）是否并购	模型（3）是否并购	模型（4）是否并购
金融结构×外源融资约束	0.0921 *** (0.0218)	0.126 *** (0.0333)	0.124 *** (0.0326)	0.125 *** (0.0328)
全要素生产率		2.037 *** (0.466)	1.922 *** (0.498)	2.137 *** (0.587)
资本密集度		0.186 *** (0.0302)	0.200 *** (0.0324)	0.222 *** (0.0375)
企业成立年限		0.101 ** (0.0437)	0.125 *** (0.0486)	0.124 *** (0.0481)
企业从业人数		0.489 *** (0.0477)	0.514 *** (0.0517)	0.516 *** (0.0533)
企业工资水平		0.109 ** (0.0453)	0.121 *** (0.0464)	0.0970 ** (0.0454)

续表

变量名	模型（1）是否并购	模型（2）是否并购	模型（3）是否并购	模型（4）是否并购
企业是否出口		0.196 ** (0.0899)	0.229 ** (0.0913)	0.173 * (0.0938)
私营企业			0.452 *** (0.132)	0.453 *** (0.131)
外资企业			0.0853 (0.157)	0.0236 (0.161)
港澳台企业			− 0.0197 (0.178)	− 0.0158 (0.179)
其他企业			0.306 *** (0.112)	0.284 *** (0.110)
化工业				− 0.0352 (0.186)
机械业				0.227 (0.162)
轻工业				− 0.121 (0.191)
冶炼业				− 0.0125 (0.181)
赫芬达尔－赫希曼指数				− 4.919 (6.043)
常数项	− 3.581 *** (0.128)	− 12.97 *** (1.265)	− 13.18 *** (1.316)	− 13.83 *** (1.480)
观测值	2327379	1526396	1526396	1526396

　　注：括号内数值为估计系数的标准差；＊、＊＊、＊＊＊分别代表参数的估计值在10%，5%和1%的水平上显著。

　　在本模型中，对于企业跨国并购决策的其他影响因素，我们的实证结果表明：①企业全要素生产率在三个回归方程中的估计系数均为正，且通过了1%的显著性检验。这一估计结果与异质性企业贸易理论所强调的生产率是影响企业进行海外投资的重要因素，只有生产率较高的企业才能顺利实现国际化战略的结论一致。②企业资本密集度在三个回归方程中的估计系数为正且数值逐步增加，并通过了 1% 的显著性检验。说明资本密集度高的企业可能更具有技术上的竞争优势，有利于企业进行跨国并购，估计结果符合预期。③企业成立年限的估计系数为正，在模型（2）中通过了 5% 的显著性检验，在模型（3）和模型（4）中通过了 1% 的显著性检验。说明企业成立的时间越长，更可能拥有稳定的销售渠道、广泛的客户资源、完善的管理经验等竞争优势，企业越可能进行跨国并购，估计结果符合预期。④企业从业人数在三个方程中的估计系数均为正，且通过了 1% 的显著性检验。说明企业从业人数越多，企业的规模越大，企业进行跨国并购的可能性越大，估计结果符合预期。⑤企业的工资水平的估计系数均为正，在模型（2）和模型（4）中通过了 5% 的显著性检验，在模型（3）中通过了 1% 的显著性检验。说明企业的工资水平对跨国并购的正向影响效应显著，与我们的预期一致。⑥企业出口参与的估计系数为正，在模型（2）和模型（3）中通过了 5% 的显著性检验，在模型（4）中通过了 10% 的显著性检验。说明企业的出口参与对跨国并购的正向影响效应比较稳健，验证了我们认为出口行为将促进企业跨国并购的预期。⑦赫芬达尔指数的估计系数为负，但并不显著，因此，我们不能确定市场集中度对企业跨国并购的影响。⑧另外，在所有制虚拟变量的估计结果显示，私营企业和其他企业类型的估计系数为正且通过了 1% 的显著性检验，港澳台企业和外资企业的估计系数为正，但并不显著。说明相对于国有企业，私营企业与其他企业类型更倾向进行跨国并购，港澳台企业和外资企业则没有表现出这种倾向。在行业虚拟变量的估计结果中，机械业、化工业、轻工业和冶炼业的估计系数均不显著，说明行业之间并没有体现出进行跨国并购的倾向性。

表 4 - 11 显示了金融效率指标与外源融资约束交叉项对企业跨国并购的影响的基本回归结果。模型（1）~模型（4）报告了金融效率指标与外源融资约束交叉项对跨国并购的影响逐步加入控制变量的估计结果。模型（1）作为基础模型只加入了金融效率指标与外源融资约束交叉项，其估计系数显著为正，且通过了 1% 的显著性检验，这与我们的预期一致。模型（2）加入了企业层面的控制变量包括全要素生产率、资本密集度、企业成立年限、企业从业人数、企业工资水平、企业是否

出口。此回归方程中金融效率指标与外源融资约束交叉项估计系数依旧显著为正，且通过了1%的显著性检验，说明金融效率的提升可以缓解企业面临的外源融资约束从而对企业跨国并购行为产生正向影响。模型（3）又加入了所有制虚拟变量，控制了模型所有制层面的特征，回归方程中金融效率指标与外源融资约束交叉项估计系数依旧显著为正且通过了1%的显著性检验，说明在控制了企业所有制特征后结论依然稳健。模型（4）又加入了赫芬达尔指数及行业虚拟变量，控制了模型行业层面的特征。我们发现金融效率指标与外源融资约束交叉项估计系数的符号为正且通过了1%的显著性检验，可见设定的基础模型相当稳健，金融效率的提升将通过舒缓企业外源融资约束的路径显著促进企业进行跨国并购的可能性。因此，本部分的估计结果与预期相符。

表4-11　　金融效率对企业跨国并购的影响：融资约束途径

变量名	模型（1）	模型（2）	模型（3）	模型（4）
	是否并购	是否并购	是否并购	是否并购
金融效率 × 外源融资约束	0.277 *** （0.0471）	0.481 *** （0.0971）	0.482 *** （0.100）	0.488 *** （0.0995）
全要素生产率		2.213 *** （0.477）	2.102 *** （0.508）	2.339 *** （0.595）
资本密集度		0.175 *** （0.0309）	0.189 *** （0.0330）	0.209 *** （0.0382）
企业成立年限		0.0998 ** （0.0438）	0.124 ** （0.0487）	0.123 ** （0.0482）
企业从业人数		0.495 *** （0.0496）	0.519 *** （0.0535）	0.521 *** （0.0552）
企业工资水平		0.119 *** （0.0442）	0.130 *** （0.0453）	0.107 ** （0.0447）
企业是否出口		0.195 ** （0.0901）	0.227 ** （0.0912）	0.169 * （0.0938）
私营企业			0.455 *** （0.133）	0.455 *** （0.132）

变量名	模型（1）是否并购	模型（2）是否并购	模型（3）是否并购	模型（4）是否并购
外资企业			0.0870 (0.157)	0.0241 (0.161)
港澳台企业			−0.0172 (0.178)	−0.0126 (0.178)
其他企业			0.303 *** (0.112)	0.280 ** (0.109)
化工业				−0.0168 (0.188)
机械业				0.243 (0.164)
轻工业				−0.112 (0.191)
冶炼业				−0.00333 (0.182)
赫芬达尔－赫希曼指数				−3.476 (5.741)
常数项	−3.528 *** (0.122)	−13.34 *** (1.296)	−13.57 *** (1.351)	−14.28 *** (1.517)
观测值	2327379	1526396	1526396	1526396

注：括号内数值为估计系数的标准差；*、**、*** 分别代表参数的估计值在10%，5%和1%的水平上显著。

在本模型中，对于企业跨国并购决策的其他影响因素，我们的实证结果表明：①企业全要素生产率在三个回归方程中的估计系数均为正，且通过了1%的显著性检验。这一估计结果与异质性企业贸易理论所强调的生产率是影响企业进行海外投资的重要因素，只有生产率较高的企业才能顺利实现国际化战略的结论一致。②企业资本密集度在三个回归方程中的估计系数为正且数值逐步增加，并通过了1%的显著性检验。说明资本密集度高的企业可能更具有技术上的竞争优势，有利于企业进行跨国并购，估计结果符合预期。③企业成立年限的估计系数为正，在模型（2）、模型（3）和模型（4）中均通过了5%的显著性检验。说明企业成立的时间越长，更可能拥有稳定的销售渠道，广泛的客户资源，完善的管理经验等竞争优势，企业越可能进行跨国并购，估计结果符合预期。④企业从业人数在三个方程中的估计系数均为正，且通过了1%的显著性检验。说明企业从业人数越多，企业的规模越大，企业进行跨国并购的可能性越大，估计结果符合预期。⑤企业的工资水平的估计系数均为正，在模型（2）和模型（3）中通过了1%的显著性检验，在模型（4）中通过了5%的显著性检验。说明企业的工资水平对跨国并购的正向影响效应显著，与我们的预期一致。⑥企业出口参与的估计系数为正，在模型（2）和模型（3）中通过了5%的显著性检验，在模型（4）中通过了10%的显著性检验。说明企业的出口参与对跨国并购的正向影响效应比较稳健，验证了我们认为出口行为将促进企业跨国并购的预期。⑦赫芬达尔指数的估计系数为负，但并不显著，因此，我们不能确定市场集中度对企业跨国并购的影响。⑧另外，在所有制虚拟变量的估计结果显示，私营企业和其他企业类型的估计系数为正且通过了1%的显著性检验，港澳台企业和外资企业的估计系数为正，但并不显著。说明相对于国有企业，私营企业与其他企业类型更倾向进行跨国并购，港澳台企业和外资企业则没有表现出这种倾向。在行业虚拟变量的估计结果中，机械业、化工业、轻工业和冶炼业的估计系数均不显著，说明行业之间并没有体现出进行跨国并购的倾向性。

　　由表4-9~表4-11可知，金融规模指标与外源融资约束的交叉项、金融结构指标与外源融资约束的交叉项及金融效率指标与外源融资约束的交叉项的估计系数都为正且显著，说明三者作为金融发展水平的代表均可以缓解企业面临的外源融资约束，从而对跨国并购有显著促进作用，这与我们的预期一致。其中金融效率指标与外源融资约束的交叉项的估计系数最大，金融规模指标与外源融资约束的交叉项的估计系数居中，金融结构指标与外源融资约束的交叉项的估计系数最小，我们可以推测金融效率的提高对企业的外源融资约束的缓解作用最大，从而对企业跨国并购决策的影响最大，金融规模次之，金融结构最后。

4.3.3　分所有制研究

　　在第3章中，我们已经证实外源融资约束对不同所有制企业跨国并购决策的影响有所不同，即外源融资约束对国有企业和外资企业的跨国并购并没有显著的影响，私营企业是信贷按所有制次序分配中受到歧视的一方，其跨国并购决策容易受到外源融资的限制。因此，我们预期金融发展对不同所有制企业外源融资约束的缓解程度将存在差别，从而对不同所有制企业的跨国并购决策影响有所不同。在本部分中，我们将分别考察金融规模、金融结构及金融效率通过对不同所有制企业外源融资约束的缓解而对不同所有制企业跨国并购行为的影响。进行跨国并购的国有企业、私营企业及外资企业的分样本金融发展指标的统计描述如表4-12~表4-14所示。由这3个表可知，样本中从金融规模指标来看，外资企业的均值最高，国有企业居中，私营企业最低；从金融结构指标来看，国有企业的均值最高，外资企业居中，私营企业最低；从金融效率指标来看，私营企业的均值最高，外资企业居中，国有企业最低。可见，进行跨国并购的外资企业本身多处于金融规模比较大的地区，进行跨国并购的国有企业多位于金融结构比较合理的地区，进行跨国并购的民营企业多位于金融效率比较高的地区。因此我们预期私营企业可能会从金融规模扩张及金融结构优化中获益最多，国有企业可能会从金融效率的提高中得到更多优势。在国有企业、私营企业及外资企业中，不同金融发展指标对三种所有制类型外源融资约束的缓解程度如何及在纳入金融发展指标后哪些因素对不同的所有制类型跨国并购决策是重要的，还需要进一步的实证检验。

表4-12　　　　　　　　国有跨国并购企业变量统计描述

变量	定义	观测值	均值	标准差	最小值	最大值
fv	金融规模	470	5.4481	5.8070	0.0000	39.3099
fs	金融结构	470	6.5441	7.7842	0.0000	41.9685
fe	金融效率	470	3.7011	1.3067	1.5062	7.7253

表4-13　　　　　　　　私营跨国并购企业变量统计描述

变量	定义	观测值	均值	标准差	最小值	最大值
fv	金融规模	110	5.0888	2.5100	1.2071	14.1517
fs	金融结构	110	5.0615	2.7844	0.0000	17.5219
fe	金融效率	110	4.6854	1.4984	1.5062	7.7253

表 4－14　　　　　　　　　外资跨国并购企业变量统计描述

变量	定义	观测值	均值	标准差	最小值	最大值
fv	金融规模	85	6.2814	5.4795	2.2581	39.3099
fs	金融结构	85	5.9471	7.2431	0.3293	41.9685
fe	金融效率	85	4.6475	0.9906	2.0920	6.3561

　　回归模型按照式（4－3）构建，分别将金融规模与外源融资约束交叉项，金融结构与外源融资约束交叉项以及金融效率与外源融资约束交叉项代入回归方程。表 4－15 显示了金融规模指标与外源融资约束交叉项对不同所有制企业跨国并购影响的回归结果。本部分研究的所有制类型只聚焦于国有企业，私营企业及外资企业三种类型。金融规模指标与外源融资约束交叉项对私营企业跨国并购的估计系数为 0.301 且通过了 1% 显著性检验，金融规模指标与外源融资约束交叉项对国有企业跨国并购的估计系数为 0.260 且通过了 1% 的显著性检验。这说明金融规模的扩张显著缓解了私营企业和国有企业的外源融资约束，促进了私营企业和国有企业的跨国并购，私营企业的估计系数略大于国有企业的估计系数，表明金融规模对私营企业外源融资约束的缓解作用更为明显。金融规模指标与外源融资约束交叉项对外资企业的估计系数为正但不显著，说明金融规模的扩张对外资企业外源融资约束的缓解并没有起到显著的作用。这与饶华春（2009）及沈红波（2010）等的研究结果一致。金融规模对私营企业外源融资约束的缓解作用最大，国有企业次之，外资企业作用不显著的结论，主要是由于国有企业在信贷市场能获得特殊待遇，能获得政府财政政策及融资支持，民营企业在信贷市场上处于弱势地位（Poncet et al.，2010；Allen et al.，2005；Giovanni and Liu L，2010），金融市场规模的扩大，金融体系融资能力的增强，则民营企业较之前相比可利用的信贷资金总量增加，金融体系规模扩大产生的规模效应也会降低企业的融资成本，因而外源融资约束能得到比较明显的缓解。金融规模对外资企业外源融资约束的缓解作用不明显，是因为外资企业的主要融资源自集团母公司或早已享受到当地政府为招商引资而给予的信贷优惠政策（Naughton，2007）。模型中的其他控制变量的回归结果显示，全要素生产率、资本密集度、企业从业人数及企业出口行为能显著促进国有企业的跨国并购；全要素生产率、资本密集度、企业从

业人数能显著促进私营企业的跨国并购；外资企业进行跨国并购主要受
到资本密集度、企业成立年限及企业从业人数的影响。

表 4 – 15　　　　金融规模对企业跨国并购的影响：分所有制研究

变量名	模型（1）国有企业	模型（2）私营企业	模型（3）外资企业
金融规模×外源融资约束	0.260 *** (0.0639)	0.301 *** (0.0744)	0.0588 (0.166)
全要素生产率	2.485 *** (0.638)	3.384 *** (1.311)	– 1.155 (1.862)
资本密集度	0.278 *** (0.0880)	0.196 *** (0.0601)	0.191 ** (0.0920)
企业成立年限	0.0708 (0.0597)	– 0.0745 (0.104)	0.510 *** (0.152)
企业从业人数	0.637 *** (0.115)	0.625 *** (0.0815)	0.435 *** (0.139)
企业工资水平	0.102 (0.0762)	0.136 (0.101)	0.00765 (0.0898)
企业是否出口	0.305 ** (0.152)	0.142 (0.177)	– 0.407 * (0.216)
其他变量	控制	控制	控制
常数项	– 15.83 *** (2.053)	– 21.68 *** (4.175)	– 8.731 ** (3.429)
观测值	158562	434747	52552

注：括号内数值为估计系数的标准差；*、**、***分别代表参数的估计值在10%、5%和1%的水平上显著。

表 4 – 16 显示了金融结构指标与外源融资约束交叉项对不同所有制
企业跨国并购影响的回归结果。本部分研究的所有制类型只聚焦国有企
业、私营企业及外资企业三种类型。金融结构指标与外源融资约束交叉
项对私营企业跨国并购的估计系数为 0.131 且通过了 1% 显著性检验，
金融结构指标与外源融资约束交叉项对国有企业跨国并购的估计系数为
0.147 且通过了 1% 显著性检验。这说明金融结构的优化显著缓解了私

营企业和国有企业的外源融资约束，促进了私营企业和国有企业的跨国并购，国有企业的估计系数略大于私营企业的估计系数，表明金融结构的优化对国有企业外源融资约束的缓解作用更为明显。金融结构指标与外源融资约束交叉项对外资企业的估计系数为负但不显著，说明金融结构的优化可能会对外资企业外源融资约束的缓解起到负向作用。这与朱红军等（2006）等的研究结果一致。金融结构对国有企业外源融资约束的缓解作用最大，私营企业次之，外资企业作用不显著的结论，这可能是因为中国目前债券市场和股票市场发展滞后的情况下，金融结构的优化意味着债券和股票市场的发展，直接融资的比例会上升，国有企业因其能获取政策上的支持，国有企业上市审批及融资比民营企业更具有优势，能从金融结构日趋合理的情况下获益。模型中的其他控制变量的回归结果显示，全要素生产率、资本密集度、企业从业人数及企业出口行为能显著促进国有企业的跨国并购；全要素生产率、资本密集度、企业从业人数能显著促进私营企业的跨国并购；外资企业进行跨国并购主要受到资本密集度、企业成立年限及企业从业人数的影响。

表 4 - 16　　　金融结构对企业跨国并购的影响：分所有制研究

变量名	模型（1）	模型（2）	模型（3）
	国有企业	私营企业	外资企业
金融结构 × 外源融资约束	0.147 *** （0.0416）	0.131 *** （0.0361）	- 0.869 （0.606）
全要素生产率	2.254 *** （0.636）	3.224 ** （1.315）	- 1.367 （1.894）
资本密集度	0.276 *** （0.0874）	0.205 *** （0.0612）	0.222 ** （0.0971）
企业成立年限	0.0674 （0.0593）	- 0.0700 （0.103）	0.526 *** （0.158）
企业从业人数	0.627 *** （0.112）	0.620 *** （0.0801）	0.442 *** （0.142）
企业工资水平	0.115 （0.0824）	0.130 （0.103）	- 0.0207 （0.0857）

变量名	模型（1）国有企业	模型（2）私营企业	模型（3）外资企业
企业是否出口	0.325 ** (0.155)	0.141 (0.175)	−0.413 * (0.220)
其他变量	控制	控制	控制
常数项	−15.17 *** (2.008)	−21.22 *** (4.157)	−8.200 ** (3.379)
观测值	158562	434747	52552

注：括号内数值为估计系数的标准差；*、**、*** 分别代表参数的估计值在10%，5% 和 1% 的水平上显著。

表 4 - 17 显示了金融效率指标与外源融资约束交叉项对不同所有制企业跨国并购影响的回归结果。本部分研究的所有制类型只聚焦国有企业、私营企业及外资企业三种类型。金融效率指标与外源融资约束交叉项对私营企业跨国并购的估计系数为 0.629 且通过了 1% 显著性检验，金融效率指标与外源融资约束交叉项对国有企业跨国并购的估计系数为 0.534 且通过了 1% 显著性检验。这说明金融效率的提升显著缓解了私营企业和国有企业的外源融资约束，促进了私营企业和国有企业的跨国并购，私营企业的估计系数略大于国有企业的估计系数，表明金融效率的提升对私营企业外源融资约束的缓解作用更为明显。金融效率指标与外源融资约束交叉项对外资企业的估计系数为正但不显著，说明金融效率的提升对外资企业外源融资约束的缓解作用并不明显。这与饶华春（2009）等的研究结果一致。金融效率的提升对私营企业外源融资约束的缓解作用最大、私营企业次之、外资企业作用不显著的结论，主要是因为金融效率的提升意味着金融市场储蓄投资转化率的提高及资本配置效率的提升，储蓄投资转化率的提高能够促使外源融资成本的降低，对国有企业及私营企业均有缓解外源融资约束的作用，资本配置效率的提高意味着私人部门贷款总额的上升，表明私营企业金融信贷歧视情况得到了改善，私营企业能从资本配置效率的提高中获益更多。外资企业主要融资源自集团母公司或早已享受到当地政府为招商引资而给予的信贷优惠政策（Naughton，2007），因此，金融效率的提升对外资企业外源融资约束的缓解作用并不显著。模型中的其他控制变量的回归结果显

示，全要素生产率、资本密集度、企业从业人数及企业出口行为能显著促进国有企业的跨国并购；全要素生产率、资本密集度、企业从业人数能显著促进私营企业的跨国并购；外资企业进行跨国并购主要受到资本密集度、企业成立年限及企业从业人数的影响。

表4－17　　　金融效率对企业跨国并购的影响：分所有制研究

变量名	模型（1）国有企业	模型（2）私营企业	模型（3）外资企业
金融效率×外源融资约束	0.534 *** (0.171)	0.629 *** (0.0984)	0.0628 (0.227)
全要素生产率	2.419 *** (0.634)	3.612 *** (1.330)	－1.162 (1.881)
资本密集度	0.264 *** (0.0881)	0.184 *** (0.0587)	0.192 ** (0.0937)
企业成立年限	0.0686 (0.0591)	－0.0801 (0.105)	0.510 *** (0.152)
企业从业人数	0.642 *** (0.119)	0.633 *** (0.0852)	0.435 *** (0.139)
企业工资水平	0.119 (0.0786)	0.154 (0.0972)	0.00668 (0.0891)
企业是否出口	0.314 ** (0.153)	0.138 (0.177)	－0.405 * (0.217)
其他变量	控制	控制	控制
常数项	－15.56 *** (2.039)	－22.45 *** (4.191)	－8.548 ** (3.459)
观测值	158562	434747	52552

注：括号内数值为估计系数的标准差；* 、** 、*** 分别代表参数的估计值在10%，5%和1%的水平上显著。

　　由表4－15～表4－17可知，金融体系三个维度的发展包括金融规模的扩大、金融结构的优化及金融效率的提升，均可以缓解国有企业及私营企业面临的外源融资约束从而对跨国并购有显著促进作用，而对外资企业外源融资约束的缓解没有显著影响。对国有企业和私营企业来

说，其中金融效率指标与外源融资约束的交叉项的估计系数最大，金融
规模指标与外源融资约束的交叉项的估计系数居中，金融结构指标与外
源融资约束的交叉项的估计系数最小，我们可以推测金融效率的提高对
国有企业及私营企业的外源融资约束的缓解作用最大，从而对企业跨国
并购决策的影响最大、金融规模次之、金融结构最后。而且，金融规模
的扩张及金融效率的提升对私营企业外源融资约束的缓解程度及对其跨
国并购可能性的正向影响要大于金融规模的扩张及金融效率的提升对国
有企业的相应影响。

4.3.4 分行业研究

进行跨国并购的企业所集中的主要行业领域，按照国民经济行业分
类标准进行划分，分别为轻工业、化工业、机械制造业以及冶炼业。我
们预期金融发展对不同行业外源融资约束的缓解存有差异，因此本部分
将集中研究金融发展的三个维度（金融规模、金融结构及金融效率）
对这四种行业类型企业外源融资约束的缓解程度从而对企业跨国并购决
策的影响。

表 4 - 18 显示了金融规模指标与外源融资约束交叉项对这四种行业
企业跨国并购影响的回归结果。机械业的金融规模指标与外源融资约束
交叉项估计系数为 0.362 且通过了 1% 的显著性检验，冶炼业的金融规
模指标与外源融资约束交叉项估计系数为 0.725 且通过了 1% 的显著性
检验，而化工业和轻工业的估计系数为负但并不显著。这表明金融规模
的扩大对机械业和冶炼业外源融资约束的缓解作用显著。这可能是由于
机械业和冶炼业所并购的国外企业多为大型企业，固定资产数额庞大，
企业自有资金不足以满足融资需求，更需要外源融资的支持，第 3 章的
实证结论也表明机械业和冶炼业是受到外源融资约束程度比较高的行
业，金融规模的扩大意味着可融资总额的提高，可利用的金融工具增
多，金融体系的融资能力增强，企业可获外源融资的成本降低，机械行
业和冶炼行业的外源融资需求更容易得到满足，从而跨国并购的可能性
得以提高。轻工业和化工业本身受到的外源融资抑制作用并不显著，因
此金融规模的扩大对其外源融资约束程度地缓解并不明显。回归模型中
的其他控制变量在不同行业之间的重要性也有所区别：化工业的跨国并

购决策主要受到资本密集度、企业成立年限、企业从业人数及企业工资水平的影响，这四个控制变量估计系数均为正且通过了显著性检验；机械业的跨国并购决策更多受到全要素生产率、资本密集度、企业从业人数及企业工资水平的影响，这些控制变量的估计系数均为正且通过了显著性检验；轻工业的跨国并购决策主要受到资本密集度和企业从业人数的正向且显著的影响；冶炼业的跨国并购决策更多受到全要素生产率、资本密集度、企业成立年限、企业从业人数及企业出口参与的影响，这些解释变量的估计系数均为正且通过了显著性检验。

表 4 – 18　　　　金融规模对企业跨国并购的影响：分行业研究

变量名	模型（1）化工业	模型（2）机械业	模型（3）轻工业	模型（4）冶炼业
金融规模×外源融资约束	- 0.751（1.111）	0.362 ***（0.0630）	- 0.0271（0.167）	0.725 ***（0.136）
全要素生产率	- 0.0465（2.012）	2.917 **（1.328）	- 2.659 ***（0.853）	7.443 ***（2.808）
资本密集度	0.265 **（0.132）	0.190 ***（0.0530）	0.413 ***（0.0618）	0.190 *（0.109）
企业成立年限	0.361 **（0.157）	0.0915（0.0623）	0.0388（0.147）	0.310 **（0.121）
企业从业人数	0.494 ***（0.0977）	0.640 ***（0.103）	0.674 ***（0.118）	1.307 ***（0.260）
企业工资水平	0.306 **（0.153）	0.222 ***（0.0823）	- 0.140（0.180）	0.216（0.207）
企业是否出口	- 0.0601（0.248）	0.123（0.140）	0.235（0.260）	0.460 *（0.279）
其他变量	控制	控制	控制	控制
常数项	- 7.992（5.019）	- 18.10 ***（3.386）	- 8.073 ***（1.392）	- 34.40 ***（8.609）
观测值	22423	325601	189024	26695

注：括号内数值为估计系数的标准差；*、**、***分别代表参数的估计值在10%、5%和1%的水平上显著。

　　表 4 - 19 显示了金融结构指标与外源融资约束交叉项对这四种行业企业跨国并购影响的回归结果。机械业的金融结构指标与外源融资约束交叉项估计系数为 0.249 且通过了 1% 的显著性检验，冶炼业的金融结构指标与外源融资约束交叉项估计系数为 0.872 且通过了 1% 的显著性检验。而轻工业的估计系数为负但并不显著，化工业金融结构指标与外源融资约束交叉项估计系数为负且通过了显著性检验，这与我们的预期不符。这表明金融结构的优化对机械业和冶炼业外源融资约束的缓解作用显著。这可能是由于机械业和冶炼业所并购的国外企业多为大型企业，固定资产数额庞大，企业自有资金不足以满足融资需求，更需要外源融资的支持，第 3 章的实证结论也表明机械业和冶炼业是受到外源融资约束程度比较高的行业，金融结构的优化意味着股票和债券市场的发展，企业可直接融资渠道的增加，与企业仅从银行贷款相比，拥有更强的自主性，企业可获外源融资的成本降低，机械行业和冶炼行业的外源融资需求更容易得到满足，从而跨国并购的可能性得以提高。轻工业本身受到的外源融资抑制作用并不显著，因此金融结构的优化对其外源融资约束程度地缓解并不明显。回归模型中的其他控制变量在不同的行业之间的重要性也有所区别：化工业的跨国并购决策主要受到资本密集度、企业成立年限、企业从业人数及企业工资水平的影响，这四个控制变量估计系数均为正且通过了显著性检验；机械业的跨国并购决策更多受到全要素生产率、资本密集度、企业从业人数及企业工资水平的影响，这些控制变量的估计系数均为正且通过了显著性检验；轻工业的跨国并购决策主要受到资本密集度和企业从业人数的正向且显著的影响；冶炼业的跨国并购决策更多受到企业成立年限、企业从业人数及企业出口的影响，这些解释变量的估计系数均为正且通过了显著性检验。

表 4 - 19　　　　金融结构对企业跨国并购的影响：分行业研究

变量名	模型（1）化工业	模型（2）机械业	模型（3）轻工业	模型（4）冶炼业
金融结构×外源融资约束	- 1.505 ** (0.599)	0.249 *** (0.0599)	- 0.0269 (0.0627)	0.872 *** (0.172)
全要素生产率	- 0.408 (1.845)	2.557 * (1.332)	- 2.671 *** (0.819)	7.904 *** (2.777)

变量名	模型（1）化工业	模型（2）机械业	模型（3）轻工业	模型（4）冶炼业
资本密集度	0.292 ** (0.122)	0.196 *** (0.0528)	0.415 *** (0.0620)	0.154 (0.104)
企业成立年限	0.372 ** (0.160)	0.0904 (0.0619)	0.0388 (0.147)	0.320 *** (0.122)
企业从业人数	0.512 *** (0.105)	0.632 *** (0.0999)	0.674 *** (0.118)	1.253 *** (0.260)
企业工资水平	0.313 ** (0.155)	0.259 *** (0.0904)	−0.142 (0.182)	0.256 (0.204)
企业是否出口	−0.0563 (0.257)	0.133 (0.138)	0.238 (0.261)	0.460 * (0.278)
其他变量	控制	控制	控制	控制
常数项	−7.227 (4.560)	−17.33 *** (3.410)	−8.060 *** (1.365)	−35.27 *** (8.546)
观测值	22423	325601	189024	26695

注：括号内数值为估计系数的标准差；*、**、*** 分别代表参数的估计值在10%、5%和1%的水平上显著。

表 4-20 显示了金融效率指标与外源融资约束交叉项对这四种行业企业跨国并购影响的回归结果。机械业的金融效率指标与外源融资约束交叉项估计系数为0.687且通过了1%的显著性检验，冶炼业的金融效率指标与外源融资约束交叉项估计系数为1.537且通过了1%的显著性检验，而化工业估计系数为负但并不显著，轻工业的估计系数为正但并不显著。这表明金融效率的提高对机械业和冶炼业外源融资约束的缓解作用显著。这可能是由于机械业和冶炼业所并购的国外企业多为大型企业，固定资产数额庞大，企业自有资金不足以满足融资需求，更需要外源融资的支持，第3章的实证结论也表明机械业和冶炼业是受到外源融资约束程度比较高的行业，金融效率的提高意味着储蓄投资转化率及资本配置效率的提高，企业能够更为便利地获取融资资金，融资资本也能够得到更好的优化配置，企业可获外源融资的成本降低，机械行业和冶炼行业的外源融资需求更容易得到满足，从而跨国并购的可能性得以提高。轻工业和化工业本身受到的外源融资抑制作用并不显著，因此金融

效率的提高对其外源融资约束程度地缓解并不明显。回归模型中的其他控制变量在不同行业之间的重要性也有所区别：化工业的跨国并购决策主要受到资本密集度、企业成立年限、企业从业人数及企业工资水平的影响，这四个控制变量估计系数均为正且通过了显著性检验；机械业的跨国并购决策更多受到全要素生产率、资本密集度、企业从业人数及企业工资水平的影响，这些控制变量的估计系数均为正且通过了显著性检验；轻工业的跨国并购决策主要受到资本密集度和企业从业人数的正向且显著的影响；冶炼业的跨国并购决策更多受到全要素生产率、资本密集度、企业成立年限、企业从业人数的影响，这些解释变量的估计系数均为正且通过了显著性检验。

表 4 - 20　　　　金融效率对企业跨国并购的影响：分行业研究

变量名	模型（1）化工业	模型（2）机械业	模型（3）轻工业	模型（4）冶炼业
金融效率×外源融资约束	- 0.781 (0.887)	0.687 *** (0.129)	0.264 (0.225)	1.537 *** (0.303)
全要素生产率	- 0.0446 (1.998)	2.865 ** (1.286)	- 2.332 ** (0.980)	7.736 *** (2.852)
资本密集度	0.268 ** (0.131)	0.177 *** (0.0533)	0.379 *** (0.0619)	0.209 * (0.116)
企业成立年限	0.362 ** (0.158)	0.0881 (0.0617)	0.0279 (0.150)	0.310 ** (0.128)
企业从业人数	0.495 *** (0.0980)	0.647 *** (0.104)	0.674 *** (0.122)	1.496 *** (0.283)
企业工资水平	0.302 ** (0.154)	0.247 *** (0.0847)	- 0.125 (0.189)	0.219 (0.213)
企业是否出口	- 0.0582 (0.249)	0.133 (0.140)	0.230 (0.270)	0.441 (0.293)
其他变量	控制	控制	控制	控制
常数项	- 8.044 (4.923)	- 17.79 *** (3.261)	- 8.405 *** (1.560)	- 36.80 *** (8.731)
观测值	22423	325601	189024	26695

注：括号内数值为估计系数的标准差；* 、 ** 、 *** 分别代表参数的估计值在 10%，5% 和 1% 的水平上显著。

由表 4 – 18 ~ 表 4 – 20 可知，金融体系三个维度的发展包括金融规模的扩大、金融结构的优化及金融效率的提升，均可以缓解机械业及冶炼业面临的外源融资约束，从而对跨国并购有显著促进作用，而对化工业和轻工业外源融资约束的缓解没有显著的影响。这与拉詹和津加莱斯（Rajan and Zingales，1998）的结论一致，一国金融发展程度的提高，能够更好促进受到外源融资约束程度比较高，外源融资需求比较大的行业的发展，外源融资便利性的提高，外源融资成本的降低将极大缓解这些行业的外源融资约束压力以获得更好的投资机遇，从而这些行业跨国并购的可能性得以提高。对机械业和冶炼业来说，其中金融效率指标与外源融资约束的交叉项的估计系数最大，金融规模指标与外源融资约束的交叉项的估计系数居中，金融结构指标与外源融资约束的交叉项的估计系数最小，我们可以推测金融效率的提高对机械业及冶炼业的外源融资约束的缓解作用最大，从而对企业跨国并购决策的影响最大，金融规模次之，金融结构最后。

4.3.5　金融发展对跨国并购的影响：生产率研究

在第 3 章中我们已经验证除了生产率之外，外源融资约束也是影响企业跨国并购的重要因素，与布赫等（2010）的研究结论一致。布赫等（2014）就生产率和融资约束之间的关系作了进一步的分析和检验，他认为低生产率是阻碍企业海外扩张的重要因素。但是企业也需要外源融资来负担进入国外市场的成本，通过构建包含融资因素的影响企业对外直接投资的模型，分析了其对 OFDI 决策的影响，发现融资约束对高生产率的企业影响最大，因其比低生产率的企业更可能进行海外扩张，文章使用德国国内和跨国公司的数据进行了实证检验，与理论预期一致。也有文献指出融资约束对生产率有负向影响作用，迈尔斯和梅吉拉夫（1984）认为受到外源融资约束的企业，因为筹措不到外部资金，难以将有利可图的投资计划或研发计划付诸实践，导致资源配置不合理，对生产率产生不利影响；加蒂和勒夫（2008）使用比利时企业的数据实证研究发现信贷可获得性对生产率有显著的促进作用；斯基安塔雷利和桑贝内利（Schiantarelli and Sembenelli，1997）运用英国和意大利企业的数据验证了长期债务的存在同生产率的提高呈现正向关系；巴迪亚和斯鲁托梅克斯（Badia and Slootmaekers，2009）运用爱沙尼亚的数据进行实证研究发现新企业及研发型企业容易受到融资约束，这带来了对生产率的负面影响；何光辉和杨咸月（2012）通过对 2003~2009 年中国工业企业上市公司的研究，发现民营企业存在融资约束，其生产率的增长受到限制；阿贾·乔普拉和李笑然（2015）也提到融资渠道的畅通会促使现有企业研发新产品、推出新服务及建立新场地，确保新进入企业有充足的融资支持，以增加市场的竞争程度，拉动生产率的增长。4.3.2 节的实证检验也已经证实金融发展可以缓解企业受到的外源融资约束从而促进跨国并购的发展。因此，我们预期金融发展能够通过缓解融资约束从而促进生产率的提高，进而有助于企业进行跨国并购。下面我们将对这一机制进行实证检验，这一机制在回归模型中以金融发展指标同外源融资约束及全要素生产率（TFP）的交叉项来表示，我们预计该交叉项的符号为正。我们将式（4-1）变形为：

$$\Pr(\text{M\&A}_{ijt}) = \alpha_0 + \alpha_1 FC_{it} \times FD_{ijt} \times TFP_{it} + \alpha_2 X_{it} + \alpha_3 Z_{it}$$
$$+ \text{location dummies} + \varepsilon_{ijt} \qquad (4-4)$$

下面，本部分使用 Probit 模型对这种微观机制进行检验。金融发展的三个指标，金融规模指标、金融结构指标及金融效率指标分别代表了金融发展的三个维度，我们将三个指标与外源融资约束及生产率的交叉项分别代入回归模型进行实证检验。表 4-21 显示金融规模指标交叉项、金融结构指标交叉项及金融效率指标交叉项估计系数均为正，且均通过了 1% 的显著性检验，这说明金融体系三个维度的发展包括金融规模的扩大、金融结构的优化及金融效率的提升，均可以缓解企业面临的外源融资约束从而推动企业生产率的提高，进而促进企业的跨国并购。其中金融效率指标交叉项的估计系数值最大，金融结构指标交叉项的估计系数值居中，金融规模指标交叉项的估计系数值最低，这意味着金融效率的提高对缓解企业面临的外源融资约束从而推动企业生产率的增长，进而促进企业跨国并购的作用最强。本部分的这一结论同阿贾·乔普拉和李笑然（2015）的观点一致，他们认为仅是扩大金融市场的规模，并不是提高生产率的有效路径，更重要的是要提高储蓄转化为企业融通资金的效率，并大力发展股票市场及债券市场。模型中的其他控制变量的回归结果显示，资本密集度、企业成立年限、企业从业人数、企业工资水平及企业出口行为估计系数均为正，且都通过了显著性水平检验，说明这些因素均对企业跨国并购决策有正向影响，也证明了基础模型的稳健性。

表 4 – 21　　　　　金融发展对跨国并购的影响：生产率研究

变量名	模型（1）金融规模	模型（2）金融结构	模型（3）金融效率
金融发展 × 外源融资约束 × 全要素生产率	0.0976 *** (0.0211)	0.0507 *** (0.0132)	0.205 *** (0.0419)
全要素生产率	2.264 *** (0.589)	2.118 *** (0.587)	2.300 *** (0.591)
资本密集度	0.219 *** (0.0377)	0.222 *** (0.0375)	0.209 *** (0.0382)
企业成立年限	0.126 *** (0.0485)	0.124 *** (0.0480)	0.123 ** (0.0482)
企业从业人数	0.518 *** (0.0540)	0.516 *** (0.0533)	0.521 *** (0.0553)
企业工资水平	0.0956 ** (0.0442)	0.0973 ** (0.0454)	0.109 ** (0.0448)
企业是否出口	0.168 * (0.0938)	0.173 * (0.0938)	0.168 * (0.0937)
其他变量	控制	控制	控制
常数项	– 14.19 *** (1.503)	– 13.78 *** (1.479)	– 14.18 *** (1.507)
观测值	1526396	1526396	1526396

注：括号内数值为估计系数的标准差；＊、＊＊、＊＊＊分别代表参数的估计值在 10%，5% 和 1% 的水平上显著。

4.3.6　金融发展对跨国并购的影响：规模研究

不少学者已经验证了企业规模对企业国际化活动的重要作用，规模较大的企业往往进行出口及对外直接投资的可能性更高（Buch et al.，2010；阳佳余，2012；孙灵燕和李荣林，2012；李磊和包群，2015）。在上述的实证研究中我们也已经证明规模是影响企业跨国并购决策的重要因素。布赫等（2014）通过构建包含融资因素的影响企业对外直接投资的模型，分析了其对 OFDI 决策的影响，认为高生产率或许是必要的，但并不是海外扩张的先决条件，有更高杠杆率，更高固定成本和较弱现金流的企业进行海外投资的可能性较低。其认为缓解融资约束同等重要，因为规模比较大的企业的国际战略正受到融资约束的阻碍。融资约束对谋求海外投资的大规模的企业影响更强，这与理论模型的预测一致。4.3.2 节的实证检验也已经证实金融发展可以缓解企业受到的外源融资约束从而促进跨国并购的发展。因此，我们预期金融发展对规模较大企业的融资约束缓解作用更强从而更有助于其进行跨国并购。下面我们将对这一机制进行实证检验，这一机制在回归模型中以金融发展指标同外源融资约束及规模（GM，以企业的工业产值的自然对数来衡量）的交叉项来表示，我们预计该交叉项的符号为正。我们将式（4－1）变形为：

$$Pr(M\&A_{ijt}) = \alpha_0 + \alpha_1 FC_{it} \times FD_{ijt} \times GM_{it} + \alpha_2 X_{it} + \alpha_3 Z_{it}$$
$$+ \text{location dummies} + \varepsilon_{ijt} \quad (4-5)$$

下面，本部分使用 Probit 模型对这种微观机制进行检验。金融发展的三个指标，金融规模指标、金融结构指标及金融效率指标分别代表了金融发展的三个维度，我们将三个指标与外源融资约束及规模的交叉项分别代入回归模型进行实证检验。表 4－22 显示金融规模指标交叉项、金融结构指标交叉项及金融效率指标交叉项估计系数均为正，且均通过了 1% 的显著性检验，这说明随着金融体系三个维度的发展包括金融规模的扩大、金融结构的优化及金融效率的提升，企业的规模越大融资约束的缓解程度越高，从而进行跨国并购的可能性越大。其中金融效率指标交叉项的估计系数值最大，金融规模指标交叉项的估计系数值居中，金融结构指标交叉项的估计系数值最低，这意味着金融效率的提高对规模较大企业面临的外源融资约束的缓解程度比较高从而推动其进行跨国并购的作用比较强。本部分的这一结论同李磊和包群（2015）的观点一致，他们认为企业的规模越大越具有更强的偿债能力与更良好的信誉，因而能在信贷市场占据优势，企业规模越大，越有可能在金融发展中受益。因此，规模较小的企业在信贷融资方面处于弱势地位，在金融发展中获益较少，其进行跨国并购的可能性进一步受到限制。模型中的其他控制变量的回归结果显示，资本密集度、企业成立年限、企业从业人数、企业工资水平及企业出口行为估计系数均为正，且都通过了显著性水平检验，说明这些因素均对企业跨国并购决策有显著正向影响，也证明了基础模型的稳健性。

表4-22　　　　　金融发展对跨国并购的影响：规模研究

变量名	模型（1）金融规模	模型（2）金融结构	模型（3）金融效率
金融发展×外源融资约束×规模	0.0213 *** (0.0049)	0.0117 *** (0.0032)	0.0446 *** (0.0105)
全要素生产率	2.271 *** (0.593)	2.131 *** (0.590)	2.332 *** (0.603)
资本密集度	0.215 *** (0.0374)	0.217 *** (0.0373)	0.201 *** (0.0389)
企业成立年限	0.124 ** (0.0487)	0.122 ** (0.0483)	0.121 ** (0.0485)
企业从业人数	0.512 *** (0.0536)	0.511 *** (0.0529)	0.512 *** (0.0543)
企业工资水平	0.0958 ** (0.0442)	0.0983 ** (0.0456)	0.110 ** (0.0452)
企业是否出口	0.169 * (0.0940)	0.173 * (0.0939)	0.170 * (0.0941)
其他变量	控制	控制	控制
常数项	-14.16 *** (1.507)	-13.77 *** (1.485)	-14.18 *** (1.530)
观测值	1526280	1526280	1526280

注：括号内数值为估计系数的标准差；*、**、***分别代表参数的估计值在10%，5%和1%的水平上显著。

4.3.7　金融发展对跨国并购的影响：外源融资依赖度研究

4.3.2节的实证检验也已经证实金融发展可以缓解企业受到的外源融资约束从而促进跨国并购的发展。那么，金融发展是否对高外源融资依赖度行业的融资约束缓解的作用更为显著，从而高外源融资依赖度行业跨国并购的可能性得到更明显的提高？不少学者已经验证了金融发展对高外源融资依赖度行业的重要作用，Rajan 和 Zingales（1998）通过测算美国行业的外源融资依赖度认为一个国家发达的金融市场可以降低市场不完全性，促进高外源融资依赖度行业的发展。Claessens 和 Laeven（2002）基于多国数据的研究也发现金融发展可以降低企业外源融资的获取成本，从而能更好支持高外源融资依赖度企业的发展。Beck（2003）使用 56 个国家的行业层面及企业层面的数据检验了金融发展同国际贸易的关系，认为金融发展可以减少市场的摩擦，降低企业的融资成本，从而促进高外源融资依赖度企业的对外出口。李斌和江伟（2006）使用 2001～2003 年沪深证券交易所的上市公司财务数据，考察了金融发展水平对企业债务融资决策的作用，研究结果同样表明金融发展水平的提高可以促进企业规模扩张，缓解企业融资约束，对高外源融资依赖度的企业尤其如此。阳佳余（2012）基于 2000～2007 年中国工业企业数据库考察了融资约束对企业出口决策和出口规模的影响，结论表明融资环境的改善对高外源融资依赖度行业出口可能性的作用更为显著。高外源融资依赖度的行业即需要更多外源融资支持的行业，往往是投资生产周期比较长、投资总额比较大及技术复杂度比较高的行业，在 Rajan 和 Zingales（1998）的测算中，医药行业、塑料品制造业及计算机制造业等为外源融资依赖度比较高的行业。在下面我们将对这一机制进行实证检验，这一机制在回归模型中以金融发展指标同外源融资约束及行业外源融资依赖度（RZ）的交叉项来表示，我们预计该交叉项的符号为正。我们将式（4-1）变形为：

$$\Pr(M\&A_{ijt}) = \alpha_0 + \alpha_1 FC_{it} \times FD_{ijt} \times RZ_{it} + \alpha_2 X_{it} + \alpha_3 Z_{it}$$
$$+ \text{location dummies} + \varepsilon_{ijt} \qquad (4-6)$$

本部分使用 Probit 模型对这种微观机制进行检验。我们借鉴 Rajan 和 Zingales（1998）的处理方法，采用两分位的行业分类方法，将行业外源融资依赖度计算为该行业企业利息支出与总资产比重的平均值。金融发展的三个指标，即金融规模指标、金融结构指标及金融效率指标分别代表了金融发展的三个维度，我们将三个指标与外源融资约束及外源融资依赖度的交叉项分别代入回归模型进行实证检验。表 4-23 显示金融规模指标交叉项、金融结构指标交叉项及金融效率指标交叉项估计系数均为正，且均通过了 1% 的显著性检验，这说明金融体系三个维度的发展包括金融规模的扩大、金融结构的优化及金融效率的提升，都对高外源融资依赖度行业的外源融资约束缓解作用更强，对其跨国并购的可行性影响最大。其中金融效率指标交叉项的估计系数值最大，金融规模指标交叉项的估计系数值居中，金融结构指标交叉项的估计系数值最低，这意味着金融效率的提高对缓解高外源融资依赖度行业企业面临的外源融资约束的影响最大，从而推动其进行跨国并购的作用最强。本部分的这一结论同上述文献的观点一致，高外源融资依赖度的行业更有可能在金融发展中受益。模型中的其他控制变量的回归结果显示，资本密集度、企业成立年限、企业从业人数、企业工资水平及企业出口行为估计系数均为正，且都通过了显著性水平检验，说明这些因素均对企业跨国并购决策有显著正向影响，也证明了基础模型的稳健性。

表 4 - 23　　金融发展对跨国并购的影响：外源融资依赖度研究

变量名	模型（1） 金融规模	模型（2） 金融结构	模型（3） 金融效率
金融发展 × 外源融资约束 × 外源融资依赖度	0. 241 *** （0. 0442）	0. 139 *** （0. 0373）	0. 524 *** （0. 0774）
全要素生产率	2. 561 *** （0. 734）	2. 339 *** （0. 736）	2. 560 *** （0. 728）
资本密集度	0. 212 *** （0. 0375）	0. 214 *** （0. 0375）	0. 209 *** （0. 0376）
企业成立年限	0. 149 *** （0. 0505）	0. 148 *** （0. 0500）	0. 148 *** （0. 0502）
企业从业人数	0. 490 *** （0. 0534）	0. 489 *** （0. 0527）	0. 492 *** （0. 0541）
企业工资水平	0. 0771 （0. 0470）	0. 0820 * （0. 0478）	0. 0845 * （0. 0471）
企业是否出口	0. 202 ** （0. 0990）	0. 203 ** （0. 0986）	0. 201 ** （0. 0983）
其他变量	控制	控制	控制
常数项	- 15. 04 *** （1. 921）	- 14. 42 *** （1. 899）	- 14. 92 *** （1. 893）
观测值	1338733	1338733	1338733

注：括号内数值为估计系数的标准差；*、**、*** 分别代表参数的估计值在10%、5%和1%的水平上显著。

4.3.8　金融发展对跨国并购的影响：稳健性检验

在 4.3.7 节中已经验证了金融发展能够显著缓解企业面临的外源融资约束，从而提高其企业跨国并购的可能性。但在回归过程中可能会存在内生性问题，内生性可能源于如下两个方面：一是回归模型可能会有变量遗漏问题。我们的模型按照现有理论包括了金融发展三个维度的指标、全要素生产率、资本密集度、企业成立年限、企业从业人数、企业工资水平及企业是否出口等企业层面的变量，也包括了所有制层面、行业层面、省份层面的控制变量，但仍有可能遗漏会影响金融发展同企业跨国并购行为的其他变量。二是金融发展同企业跨国并购行为之间可能存在相互促进的关系。因为企业进行跨国并购，加强了同其他国家的联系，可能会受益于国外金融改革的成果，从而对国内金融市场表达需求，进而有利于推进金融市场的改革。由于可能存在这种双向因果关系，模型可能产生内生性问题。因此，我们将分别采用金融规模指标同外源融资约束交叉项的滞后一期、金融结构指标同外源融资约束交叉项的滞后一期以及金融效率指标同外源融资约束交叉项的滞后一期作为被解释变量进行稳健性检验，以减轻模型中可能存在的内生性。估计结果如表 4 - 24 ~ 表 4 - 26 所示。

表 4 - 24 显示了金融规模指标与外源融资约束交叉项滞后一期对企业跨国并购影响的基本回归结果。模型（1）~ 模型（4）报告了金融规模指标与外源融资约束交叉项滞后一期对跨国并购的影响逐步加入控制变量的估计结果。我们发现金融规模指标与外源融资约束交叉项滞后一期估计系数的符号在四个方程中均为正且通过了 1% 的显著性检验，可见设定的基础模型相当稳健，金融规模的扩张将通过舒缓企业外源融资约束的路径显著促进企业进行跨国并购的可能性。因此，本部分的估计结果与预期相符。

表 4－24　　　　　　金融规模对跨国并购的影响：稳健性检验

变量名	模型（1）是否并购	模型（2）是否并购	模型（3）是否并购	模型（4）是否并购
（金融规模×外源融资约束）滞后一期	0.120 *** （0.0207）	0.104 *** （0.0363）	0.106 *** （0.0338）	0.105 *** （0.0370）
全要素生产率		1.399 ** （0.555）	1.269 ** （0.586）	1.426 * （0.737）
资本密集度		0.205 *** （0.0351）	0.217 *** （0.0377）	0.242 *** （0.0432）
企业成立年限		0.0713 （0.0447）	0.0932 * （0.0515）	0.0898 * （0.0507）
企业从业人数		0.495 *** （0.0564）	0.515 *** （0.0593）	0.510 *** （0.0601）
企业工资水平		0.110 ** （0.0477）	0.119 ** （0.0486）	0.0904 * （0.0479）
企业是否出口		0.172 （0.105）	0.193 * （0.104）	0.147 （0.106）
私营企业			0.424 *** （0.158）	0.443 *** （0.152）
外资企业			0.0303 （0.187）	－0.0377 （0.195）
港澳台企业			0.200 （0.183）	0.222 （0.182）
其他企业			0.335 *** （0.122）	0.316 *** （0.116）
化工业				0.101 （0.231）
机械业				0.344 （0.211）
轻工业				－0.114 （0.250）
冶炼业				0.0261 （0.234）

续表

变量名	模型（1） 是否并购	模型（2） 是否并购	模型（3） 是否并购	模型（4） 是否并购
赫芬达尔－赫希曼指数				1.826 （1.284）
常数项	－3.373*** （0.214）	－11.11*** （1.403）	－11.35*** （1.475）	－11.81*** （1.700）
观测值	1762372	1213173	1213173	1213173

注：括号内数值为估计系数的标准差；*、**、***分别代表参数的估计值在10%，5%和1%的水平上显著。

表4-25显示了金融结构指标与外源融资约束交叉项滞后一期对企业跨国并购影响的基本回归结果。模型（1）～模型（4）报告了金融结构指标与外源融资约束交叉项滞后一期对跨国并购的影响逐步加入控制变量的估计结果。我们发现金融结构指标与外源融资约束交叉项滞后一期估计系数的符号在四个方程中均为正且通过了1%的显著性检验，可见设定的基础模型相当稳健，金融结构的优化将通过舒缓企业外源融资约束的路径显著促进企业进行跨国并购的可能性。因此，本部分的估计结果与预期相符。

表4-25　　金融结构对跨国并购的影响：稳健性检验

变量名	模型（1） 是否并购	模型（2） 是否并购	模型（3） 是否并购	模型（4） 是否并购
（金融结构×外源融资约束）滞后一期	0.109*** （0.0192）	0.119*** （0.0439）	0.120*** （0.0414）	0.124*** （0.0412）
全要素生产率		1.397** （0.556）	1.266** （0.588）	1.420* （0.741）
资本密集度		0.204*** （0.0347）	0.216*** （0.0373）	0.242*** （0.0429）
企业成立年限		0.0724 （0.0447）	0.0941* （0.0515）	0.0908* （0.0507）

续表

变量名	模型（1）是否并购	模型（2）是否并购	模型（3）是否并购	模型（4）是否并购
企业从业人数		0.496 *** （0.0563）	0.516 *** （0.0593）	0.510 *** （0.0601）
企业工资水平		0.110 ** （0.0477）	0.119 ** （0.0485）	0.0902 * （0.0479）
企业是否出口		0.170 （0.104）	0.191 * （0.104）	0.145 （0.105）
私营企业			0.422 *** （0.158）	0.441 *** （0.152）
外资企业			0.0283 （0.186）	− 0.0400 （0.194）
港澳台企业			0.198 （0.183）	0.220 （0.182）
其他企业			0.333 *** （0.122）	0.314 *** （0.116）
化工业				0.107 （0.232）
机械业				0.350 （0.213）
轻工业				− 0.110 （0.252）
冶炼业				0.0316 （0.235）
赫芬达尔 – 赫希曼指数				1.834 （1.278）
常数项	− 3.400 *** （0.213）	− 11.14 *** （1.408）	− 11.38 *** （1.481）	− 11.84 *** （1.710）
观测值	1762372	1213173	1213173	1213173

注：括号内数值为估计系数的标准差；* 、** 、*** 分别代表参数的估计值在 10%，5% 和 1% 的水平上显著。

107

表 4-26 显示了金融效率指标与外源融资约束交叉项滞后一期对企业跨国并购影响的基本回归结果。模型（1）~模型（4）报告了金融效率指标与外源融资约束交叉项滞后一期对跨国并购的影响逐步加入控制变量的估计结果。我们发现金融效率指标与外源融资约束交叉项滞后一期估计系数的符号在四个方程中均为正且通过了 1% 的显著性检验，可见设定的基础模型相当稳健，金融效率的提高将通过舒缓企业外源融资约束的路径显著促进企业进行跨国并购的可能性。因此，本部分的估计结果与预期相符。

表 4-26 　　　　金融效率对跨国并购的影响：稳健性检验

变量名	模型（1） 是否并购	模型（2） 是否并购	模型（3） 是否并购	模型（4） 是否并购
（金融效率×外源融资约束）滞后一期	0.230 *** (0.0440)	0.247 ** (0.115)	0.255 ** (0.120)	0.286 *** (0.107)
全要素生产率		1.433 ** (0.557)	1.310 ** (0.587)	1.481 ** (0.740)
资本密集度		0.200 *** (0.0356)	0.212 *** (0.0379)	0.236 *** (0.0436)
企业成立年限		0.0709 (0.0447)	0.0922 * (0.0515)	0.0886 * (0.0506)
企业从业人数		0.498 *** (0.0567)	0.517 *** (0.0596)	0.513 *** (0.0606)
企业工资水平		0.114 ** (0.0465)	0.123 *** (0.0473)	0.0958 ** (0.0469)
企业是否出口		0.169 (0.104)	0.190 * (0.104)	0.144 (0.105)
私营企业			0.420 *** (0.159)	0.441 *** (0.153)
外资企业			0.0231 (0.187)	-0.0452 (0.195)
港澳台企业			0.198 (0.183)	0.222 (0.182)

变量名	模型（1） 是否并购	模型（2） 是否并购	模型（3） 是否并购	模型（4） 是否并购
其他企业			0.329 *** （0.122）	0.311 *** （0.116）
化工业				0.109 （0.232）
机械业				0.353 * （0.212）
轻工业				− 0.114 （0.251）
冶炼业				0.0330 （0.235）
赫芬达尔 – 赫希曼指数				1.904 （1.248）
常数项	− 3.384 *** （0.213）	− 11.21 *** （1.403）	− 11.46 *** （1.480）	− 11.96 *** （1.713）
观测值	1762372	1213173	1213173	1213173

注：括号内数值为估计系数的标准差；*、**、*** 分别代表参数的估计值在 10%，5% 和 1% 的水平上显著。

表 4 – 24 ~ 表 4 – 26 中的其他控制变量，全要素生产率、资本密集度、企业成立年限、企业从业人数、企业工资水平及企业是否出口的估计系数均为正，基本上都通过了显著性检验。这说明模型中的其他主要解释变量也是影响企业跨国并购决策的重要因素。因此，可以推断我们的模型和结论是稳健可靠的。

4.4 结 论

本章基于 BVD – Zephyr 跨国并购企业数据库、中国工业企业数据库及省份金融发展数据进行匹配，构建了包含企业并购年份，并购金额，并购国家，企业基本生产经营、财务信息及省份金融发展指标等的多维数据库，借鉴梅里兹（2003），巴克（2003）及布赫等（2010）的已有研究，我们将金融发展及融资约束因素纳入企业跨国并购决策的分析中，通过构建 Probit 回归模型，检验了金融发展三个维度（金融规模、金融结构及金融效率）通过缓解外源融资约束的路径对跨国并购的促进作用。我们首先实证检验了金融发展对企业跨国并购的影响，以预先判断金融发展对企业跨国并购正影响效应的存在，然后我们分析了金融发展同外源融资约束交叉项对企业跨国并购的影响，以验证金融发展通过缓解外源融资约束的路径对跨国并购的促进作用，最后就金融发展通过缓解外源融资约束路径从而促进企业进行跨国并购的机制进行了更细致的扩展性研究，这包括分所有制研究、分行业研究、分生产率研究、分规模研究、分外源融资依赖度研究以及稳健性检验。本书在如上对金融发展通过缓解外源融资约束路径从而促进企业进行跨国并购的机制研究中，主要得出了如下结论：

第一，在基本回归中，我们初步验证了金融发展三个维度对跨国并购的影响。在逐步加入控制变量的情况下，我们发现金融规模指标、金融结构指标及金融效率指标估计系数的符号均为正且通过了显著性检验，这意味着金融规模的扩张、金融结构的优化以及金融效率的提升将显著提高企业进行跨国并购的可能性。因此，我们进一步检验了金融发展是否通过缓解外源融资约束的路径从而提高了企业进行跨国并购的可能性。这种机制通过金融发展三个指标与外源融资约束的交叉项来检验。回归结果显示，在逐步加入控制变量的情况下，金融规模指标与外源融资约束交叉项、金融结构指标与外源融资约束交叉项及金融效率指标与外源融资约束交叉项估计系数的符号均为正且通过了显著性检验，这意味着金融规模的扩张、金融结构的优化以及金融效率的提高将显著的缓解企业面临的外源融资约束从而提高了企业进行跨国并购的可能性。因此，本部分的估计结果与预期相符。其中金融效率指标与外源融资约束交叉项的估计系数最大，金融规模指标与外源融资约束交叉项的估计系数居中，金融结构指标与外源融资约束交叉项的估计系数最小，我们可以推测金融效率的提高对企业的外源融资约束的缓解作用最大，从而对企业跨国并购决策的影响最大、金融规模次之、金融结构最后。模型中的其他控制变量如全要素生产率、资本密集度、企业成立年限、企业从业人数、企业工资水平、企业是否出口，也显示了对企业跨国并购决策的正向影响，可见设定的基础模型相当稳健，与我们的预期基本一致。

第二，金融发展对不同所有制企业外源融资约束的缓解程度存在差别，从而对不同所有制企业的跨国并购决策影响有所不同。在扩展研究中，我们分别考察了金融规模、金融结构及金融效率通过对不同所有制企业外源融资约束的缓解而对不同所有制企业跨国并购行为的影响。实证结果显示，金融体系三个维度的发展包括金融规模的扩大、金融结构的优化及金融效率的提升，均可以缓解国有企业及私营企业面临的外源融资约束从而对跨国并购有显著促进作用，而对外资企业外源融资约束的缓解没有显著影响。对国有企业和私营企业来说，其中金融效率指标与外源融资约束交叉项的估计系数最大，金融规模指标与外源融资约束交叉项的估计系数居中，金融结构指标与外源融资约束交叉项的估计系数最小，我们可以推测金融效率的提高对国有企业及私营企业的外源融资约束的缓解作用最大，从而对企业跨国并购决策的影响最大、金融规模次之、金融结构最后。而且，金融规模的扩张及金融效率的提升对私营企业外源融资约束的缓解程度及对其跨国并购可能性的正向影响要大于金融规模的扩张及金融效率的提升对国有企业的相应影响。

第三，本章也验证了金融发展的三个维度（金融规模、金融结构及金融效率）对轻工业、化工业、机械制造业以及冶炼业外源融资约束的缓解程度从而对企业跨国并购决策的影响。实证结果表明金融体系三个维度的发展包括金融规模的扩大、金融结构的优化及金融效率的提升，均可以缓解机械业及冶炼业面临的外源融资约束从而对跨国并购有显著促进作用，而对化工业和轻工业外源融资约束的缓解没有显著影响。对机械业和冶炼业来说，其中金融效率指标与外源融资约束的交叉项的估计系数最大，金融规模指标与外源融资约束的交叉项的估计系数居中，金融结构指标与外源融资约束的交叉项的估计系数最小，我们可以推测金融效率的提高对机械业及冶炼业的外源融资约束的缓解作用最大，从而对企业跨国并购决策的影响最大、金融规模次之、金融结构最后。

第四，金融发展可能会因企业生产率的不同，而在通过缓解外源融资约束路径促进企业进行跨国并购的可能性上存在差别。我们将金融发展三个指标与外源融资约束及生产率的交叉项分别代入回归模型进行实证检验，回归结果显示三个指标的交叉项估计系数均为正，且均通过了

1%的显著性检验，这说明金融体系三个维度的发展包括金融规模的扩大、金融结构的优化及金融效率的提升，均可以缓解企业面临的外源融资约束，从而推动企业生产率的提高，进而促进企业的跨国并购。其中金融效率指标交叉项的估计系数值最大，金融结构指标交叉项的估计系数值居中，金融规模指标交叉项的估计系数值最低，这意味着金融效率的提高对缓解企业面临的外源融资约束，从而推动企业生产率的增长，进而促进企业跨国并购的作用最强。

第五，金融发展可能会对不同规模企业外源融资约束的缓解程度不同，从而在对其跨国并购的促进作用上存在差别。我们将金融发展的三个指标与外源融资约束及规模的交叉项分别代入回归模型进行实证检验。回归结果显示金融规模指标交叉项、金融结构指标交叉项及金融效率指标交叉项估计系数均为正，且均通过了1%的显著性检验，这说明随着金融体系三个维度的发展包括金融规模的扩大、金融结构的优化及金融效率的提升，企业的规模越大，融资约束的缓解程度越高，从而进行跨国并购的可能性越大。其中金融效率指标交叉项的估计系数值最大，金融规模指标交叉项的估计系数值居中，金融结构指标交叉项的估计系数值最低，这意味着金融效率的提高对规模较大企业面临的外源融资约束的缓解程度比较高从而推动其进行跨国并购的作用比较强。

第六，外源融资依赖度在行业之间存在差异，那么金融发展对不同行业融资约束缓解的程度应存在不同，从而对其跨国并购的影响也存在差别。我们对这一机制进行了实证检验，这一机制在回归模型中以金融发展指标同外源融资约束及行业外源融资依赖度的交叉项来表示。将三个指标与外源融资约束及外源融资依赖度的交叉项分别代入回归模型进行实证检验。回归结果显示金融规模指标交叉项、金融结构指标交叉项及金融效率指标交叉项估计系数均为正，且均通过了1%的显著性检验，这说明金融体系三个维度的发展，包括金融规模的扩大、金融结构的优化及金融效率的提升，都对高外源融资依赖度行业的外源融资约束缓解作用更强，对其跨国并购的可行性影响最大。其中金融效率指标交叉项的估计系数值最大，金融规模指标交叉项的估计系数值居中，金融结构指标交叉项的估计系数值最低，这意味着金融效率的提高对缓解高外源融资依赖度行业企业面临的外源融资约束的影响最大，从而推动其进行跨国并购的作用最强。

第七，由于模型的控制变量可能存在遗漏的问题及金融发展同企业跨国并购行为之间可能存在双向因果关系问题，模型有可能产生内生性问题。因此，我们将采用三个金融发展指标同外源融资约束交叉项的滞后一期作为被解释变量进行稳健性检验。外源融资约束滞后一期项的回归结果显示，金融规模指标同外源融资约束交叉项的滞后一期、金融结构指标同外源融资约束交叉项的滞后一期以及金融效率指标同外源融资约束交叉项的滞后一期的估计系数均为正且通过了1%的显著性检验，说明金融规模的扩张、金融结构的优化及金融效率的提高将通过舒缓企业外源融资约束的路径显著促进企业进行跨国并购的结论是可靠的。另外，回归方程中的其他控制变量，全要素生产率、资本密集度、企业成立年限、企业从业人数、企业工资水平及企业是否出口的估计系数均为正，基本上都通过了显著性检验。这说明模型中的其他主要解释变量也是影响企业跨国并购决策的重要因素，因此可以推断设定的基础模型稳健可靠。

第5章 中国企业跨国并购融资案例

　　自 2001 年中国实施"走出去"战略以来，中国企业跨国并购的数量和规模不断增长。但是企业进行跨国并购往往需要筹措大规模的资金。在第 3 章我们已经验证，外源融资约束抑制了企业的跨国并购，而且这种抑制作用对私营企业尤其显著。第 4 章我们证实了代表金融发展水平的三个层面的指标，即金融规模的扩张、金融结构的优化及金融效率的提高能够缓解企业外源融资约束从而促进企业的跨国并购。如上都是对企业跨国并购融资约束方面的实证研究，而且从缓解融资约束的方式上来看，金融发展水平的提高侧重于宏观层面且多与国家政策有关，在实际的跨国并购中企业也开始采用多种融资方式相结合的方法以缓解受到的银行信贷约束，因此，本章将从企业微观视角出发以案例的形式分析实际企业进行跨国并购中采用的缓解信贷融资约束的融资方式。本章选取了具有代表性的三家企业进行案例分析，即光明食品集团收购英国维他麦的案例、联想集团并购 IBM PC 业务的案例以及吉利控股并购沃尔沃的案例。将这三家企业的跨国并购作为典型案例，一方面光明食品集团为国有性质，联想集团和吉利集团属于私营企业，对三者进行分析可以体现不同所有制企业在进行跨国并购融资时的差异；另一方面在于光明食品集团、联想集团和吉利集团跨国并购时采取的融资方式比较灵活新颖，其经验可供后续进行跨国并购的企业予以借鉴。如下将对三家企业的融资过程进行解析。

5.1　光明食品集团并购英国维他麦的案例①

5.1.1　并购双方背景

光明食品（集团）有限公司是大型综合食品产业集团，是全国食品产业的龙头企业之一，主营业务为现代农业，食品加工制造与分销零售。光明食品集团股东为上海市国有资产监督管理委员会、上海城投（集团）有限公司（上海国资委全资拥有）以及上海国盛（集团）有限公司（国有独资的投资控股和资本运营公司），光明食品集团为上海市国资委控股的国有企业。

英国维他麦食品公司是英国最大的生产优质麦片的企业，拥有悠久的历史与良好的口碑，在全球市场上品牌认知度很高，其在英国和北美设有工厂，在南非和肯尼亚设有销售公司，产品出口 90 多个国家和地区。光明食品集团之所以选择英国维他麦食品公司作为收购目标，是因为英国维他麦食品公司属于行业翘楚，其产品市场占有率高，目标消费者众多，产品利润高以及产品研发能力强。光明食品集团预期收购英国维他麦食品公司，可以获得品牌效应，增强研发能力，提高自身的市场竞争力，以开拓英国市场及全球市场，布局全球发展战略。

5.1.2　并购融资安排

光明食品集团同英国维他麦食品公司经过谈判于 2012 年 11 月 2 日完成收购交割，以 1.8 亿英镑现金作为股权对价收购对方 60% 的股权，用直接融资和间接融资的方式置换对方 9 亿英镑的债务。英国维他麦食品公司原有 9 亿英镑债务中，2.3 亿英镑为股东贷款，6.7 亿英镑为商业贷款，光明食品集团按照国际规则，将其债务结构调整为 5 亿英镑股东贷款及 4 亿英镑商业贷款，因此光明食品集团需要直接

---

① 本节资料来源为光明食品集团官方网站及光明食品集团合并报表。

融资 6.8 亿英镑。

对于其中 1.8 亿英镑股权现金的融资，光明食品集团申请到了国家开发银行 5 年期的并购货款，其中自筹部分占比 30%，借款部分占比 70%，而且国家开发银行在贷款价格上给予了优惠。光明食品集团将 1.8 亿英镑作为"走出去"贷款以资本金的形式注入了光明集团香港公司的融资和并购平台"光明香港"，依此平台光明集团采取了俱乐部融资和发行美元债的融资方式组合，将自有资金 27% 的比例用于向香港银行融资并发行美元债，最后融资总额为 5 亿英镑即 8.5 亿美元，其中商业贷款部分为 5.5 亿美元，发行的美元债为 3 亿美元，在发行美元债的过渡期，3 亿美元将由银行以过桥贷款的形式提供。按照此种融资方式组合，光明食品集团成功融资 6.8 亿英镑用以完成并购交易。

5.1.3　并购融资方式评述

第一，光明食品集团申请到了国家开发银行 5 年期的并购货款，并以此撬动了更多的融资资金，可见银行信贷的支持可以发挥重要的作用，国有大型优质企业的地位是光明食品集团获得国家开发银行贷款的利好因素。2008 年 12 月 9 日，银监会公布了《商业银行并购贷款风险管理指引》，明确允许商业银行办理并购贷款业务，但是商业银行资本充足率等指标必须符合一定的条件，并且规定并购贷款金额同并购股权对价款项的比率不得超过 50%，除非国家另有规定，比率可扩大至 3:7。在实际操作中国有商业银行的并购贷款对象仅限于具有财务公司的大型集团或政府投资公司，且发放贷款前需要银监会的特批。因此，类似于光明食品集团的大型集团或国有企业才有获得并购贷款的可能性，中小企业和私营企业并不能从这种政策中受益。

第二，由于国家开发银行的带动效应及该项目本身作为食品行业大型收购案的地位，很多中外资银行表示要提供融资。光明食品集团最终采取了俱乐部的融资方式，最后本着自愿加入的原则组成了包括国家开发银行、中国银行、汇丰银行及荷兰合作银行等在内的融资俱乐部。俱乐部融资方式类似于银团贷款融资方式。银团贷款融资是指一家或数家银行牵头，组织多家银行与非银行金融机构组成银行集团，向同一借款对象按照同一贷款协议协商的贷款条件及期限的贷款融资方式。银团贷款融资方式因为联合了多家银行，具有贷款金额大，期限长及分散风险的优点。俱乐部融资方式与其类似，同样有多家银行及非银行金融机构作为贷款方，但是并没有牵头银行，各银行具有平等的地位，借款企业具有比较高的议价能力，便于对贷款利率进行谈判，与银团贷款融资方式相比，对借款企业专业财务团队的要求比较高，但可以节省"牵头行"产生的管理费及代理费等支出，可以大幅度降低融资成本。

　　第三，光明食品集团通过中国香港融资平台成功获得过桥贷款及发行美元债券融资。过桥贷款融资方式是过渡性质的贷款方式，期限通常较短，如果是票据形式的过桥贷款，期限一般为180天，该融资方式一般被用于偿还现有债务或为获取低成本长期融资计划提供担保，因此利率较高，而且票据形式的过桥贷款利率是逐步上升的，但其可为获取低成本长期融资计划提供担保，解决债券发行等待期的资金问题，长远来看可以降低并购的综合融资成本。过桥贷款融资的提供方多为投资银行，可以作为私营企业及中小企业难以获得商业银行并购贷款的替代。光明食品集团对过桥贷款的运用，为后来发行美元债提供了时间，因此，光明食品集团能够更好把握债券市场的行情，得以在美元基准利率几近下降至谷底时，成功发行5年期的5亿美元的国际债券，年固定利率为3.123%，大幅度降低了债券融资成本。目前由于海外发行人民币债券尚未放开，光明食品集团主动申请穆迪、标普及惠誉三大全球信用评级机构的评级，获得了投资级的主权和债券发行级别，因此能够以成本较低的国际债券形式募集资金。我们发现光明食品集团成功通过过桥贷款及发行美元债融资，得益于对中国香港融资平台的利用。在中国资本市场不发达的情况下，成熟的上市公司有更大的可能性发行公司债券进行融资，但是此种做法必须得到证监会的允许以及监管。鉴于内地资本市场的种种限制，光明食品集团选择了中国香港作为金融平台进行融资。中国香港作为国际金融服务中心具备完全市场经济地位，具有良好的融资环境，专业的服务团队，可为内地企业跨国并购融资提供便利。

117

5.2 联想集团并购 IBM PC 业务的案例①

5.2.1 并购双方背景

联想集团于 1984 年由中国科学院计算技术研究所投资 20 万元人民币，柳传志等 11 名科研人员构建，1994 年联想集团在香港联合交易所上市，目前已发展为多元化的高科技信息产业公司。多年来，联想电脑销量一直在国内市场处于领先地位。随着戴尔、惠普等国外电脑品牌的进入以及来自方正、同方等国内同行的竞争日趋激烈，联想电脑的利润空间开始下降。因此，联想集团意图开展品牌国际化的发展战略，但是自身的研发水平比较有限，还未建立自主知识产权的核心技术，也没有海外市场的营销渠道。

IBM PC 事业部是现代计算机事业的开拓者，全球首台个人电脑及笔记本电脑都由其推出，IBM PC 一直处于行业的领先地位，但 2001 年之后，PC 事业部的营业利润逐年下滑，处于亏损状态，但软件部门和服务部门的竞争优势一直在上升。因此，IBM 决定剥离 PC 事业部，以节约成本，专注发展其他战略性业务。

联想集团和 IBM 公司经过三年的了解及谈判之后，联想集团于 2005 年 5 月成功收购 IBM PC 业务，即 IBM 在全球的台式及笔记本的电脑业务。联想集团将获得 IBM PC 领域所有知识产权、遍布全球的销售网络以及品牌商标"IBM"和"Think"五年的使用权。并购完成后，联想继戴尔和惠普后成为全球第三大电脑生产商，标志着联想在科技和制造领域迈出重要一步，国际化布局战略取得初步成效。

5.2.2 并购融资安排

联想集团收购 IBM PC 业务后应支付的合计成本为 17.5 亿美元，其

---

① 资料来源：2005～2014 年联想集团年报。

中 6.5 亿美元以现金形式支付，6 亿美元以联想集团的股票支付，锁定期为 3 年，同时承担了 IBM 公司 5 亿美元的债务。并购后，联想集团控股占有 46.22% 的股份，IBM 将成为联想集团的第二大股东，持有18.91% 的股份。

联想集团为支付 17.5 亿美元的融资款项，运用了如下的并购融资方式：第一，在集团内部融资 1.5 亿美元；第二，联想集团获得了来自高盛公司的总额为 5 亿美元的过桥贷款；第三，联想集团聘请投资银行高盛公司作为财务顾问，在其协助下获得了来自中国工商银行、渣打银行、荷兰银行及巴黎银行的银团贷款，总额为 6 亿美元；第四，联想集团以私募的形式获得了来自得克萨斯太平洋集团、泛太平洋集团以及美国新桥投资集团共 3.5 亿美元的战略投资，由此全球三大私人股权投资公司获得了联想集团 12.4% 的股份。同时，联想集团将其中的 1.5 亿美元用于回购之前向 IBM 公司定向增发的股权，IBM 的持股比例比预先下降了 5.5%，至此支付方式转变为以现金方式支付 8 亿美元及以股票形式支付 4.5 亿美元。按照此种融资方式组合，联想集团融资成功，顺利完成并购交易。

5.2.3　并购融资方式评述

第一，联想集团采用内部融资方式筹集资金 1.5 亿美元。使用企业内部自有资金支付并购款项，无须支付利息和费用，能够降低融资成本。但内部融资的比例要恰当，以免造成企业流动性的不足，带来较大的财务风险，对企业并购后的生产经营产生不良影响。联想集团在当时拥有 4 亿美元账面现金的情况下，采纳了高盛集团的建议，只内部融资1.5 亿美元，避免了过度依赖内部融资的不良后果。

第二，联想集团获得了来自高盛公司的总额为 5 亿美元的过桥贷款缓解了并购前短期融资的不足，之后在高盛公司的协助下又获得了来自国内国外多家银行的银团贷款，解决了过桥贷款偿还后的融资需求问题。

第三，联想集团从全球三大私募股权基金公司获得了战略资本融资。私募股权基金是指通过非社会公开（招标或与融资人协商等）方式募集的，专门投资于特定投资对象（一般为非上市公司及公众公司）

股权的基金。进行并购投资的私募股权基金，其通过收购目标企业股份，来获取不同级别的控制权，待企业经营状况改善之后，再以股权转让或管理层回购等渠道卖出所持股份而退出，并不期待获得目标企业长期持续的利益及控制权。私募股权基金乐于为跨国并购融资的原因在于，其可以获得由于各国资本受益率的不同而产生的较高的投资回报（杨丹辉和渠慎宁，2009）。私募股权基金公司一般资本运营经验较为丰富，工作团队专业，更具国际化视野，能够设计比较好的并购与融资支持方案，向母国收购企业提供股权或负债融资，或与各方银行谈判以寻求贷款支持，从而在一定程度上缓解了企业进行跨国并购面临的融资约束。联想集团引入三大私募股权基金的战略融资，减少了集团内部融资的比例，舒解了面临的融资约束及可能的财务风险。

5.3　吉利控股并购沃尔沃的案例[①]

5.3.1　并购双方背景

吉利控股全称为浙江吉利控股集团有限公司，总部位于杭州市，是著名的拥有自主知识产权的汽车行业民营企业，已在香港交易所上市。吉利控股注册资本为 8.3 亿元，创立于 1986 年，创始人李书福持股 90%，其儿子李星星持股 10%。吉利控股主营业务包括汽车整车制造、汽车电子电气元件及汽车零部件生产营销等，在全国多地拥有制造基地，连续多年被评为中国汽车行业十强。吉利控股集团有限公司在 2006 年并购英国锰铜控股公司（英国制造出租车的上市公司）与其组成英伦帝华合营公司，于上海制造新研发的出租车；并于 2009 年收购了具有 80 多年历史的澳洲 DSI 自动变速器公司；自 2012 年开始入选世界 500 强。

沃尔沃汽车公司是北欧地区第一大的汽车企业，是著名的世界豪车品牌，创立于 1924 年的瑞典，是瑞典规模最大的工业企业集团，掌握

---

① 资料来源：2004 ~ 2014 年吉利集团年报。

的汽车安全技术处于行业领先地位，被誉为世界上最安全的汽车，并且在瑞典、中国及马来西亚设有多家生产基地，并拥有发达的全球销售网络。美国福特汽车公司于 1999 年以 64.5 亿美元收购了沃尔沃汽车公司，但沃尔沃汽车并未给福特公司带来相应的回报。2005 年开始沃尔沃汽车公司经营不善开始出现大幅亏损，福特汽车支付了高昂的成本，其于 2008 年减资 24 亿美元。2008 年沃尔沃汽车的销售量继续下跌，因此，福特汽车 2008 年决定以 60 亿美元出售沃尔沃。

吉利控股并购沃尔沃汽车可以获得核心技术，学习先进的生产管理经验，节省构建豪华汽车品牌的时间成本，扩大品牌的认知度，符合进军国际市场的战略布局，而且金融危机时期收购价格已大幅降低。吉利控股于 2010 年 8 月 2 日成功收购沃尔沃汽车，拥有 100% 股权，包括对沃尔沃汽车专利的所有权及使用权，九个系列产品及全球营销和供应商体系。

5.3.2　并购融资安排

按照最初的并购协议，吉利控股收购沃尔沃汽车全部股权的融资成本为 18 亿美金，其中包括支付给福特汽车的 2 亿美元的票据以及 16 亿美元的现金。实际交付时，依据并购协议的资产价格调减机制，吉利控股最终支付 15 亿美元，其中 2 亿美元为票据，13 亿美元为现金。

吉利控股为支付 15 亿美元的融资款项，运用了如下的并购融资方式：第一，吉利控股通过全资子公司吉利凯盛国际投资有限公司获得内部融资 41 亿人民币，占全部国内渠道融资总额的 51%；第二，吉利控股获得了大庆市国有资产经营有限公司 30 亿人民币的融资，与吉利凯盛的 41 亿人民币共同注资成立吉利万源国际投资有限公司；第三，吉利控股从由上海嘉尔沃投资有限公司获得融资 10 亿人民币，上海嘉尔沃投资有限公司由上海市嘉定区国有资产经营有限公司及上海市嘉定开发区（集团）有限公司以 4∶6 的比例出资构建；第四，吉利万源国际投资有限公司与上海嘉尔沃投资有限公司共同控股上海吉利兆圆国际投资有限公司，持股比例为 87.65%（71 亿人民币）与 12.36%（10 亿人民币），至此吉利控股成功在国内融得 11 亿美元；第五，吉利控股从中国建设银行伦敦分行获得了 2 亿美元的低息贷款；第六，吉利控股集团从并购的卖方福特公司获得 2 亿美元的融资。按照此种融资方式组合，吉利控股成功融得用以支付并购交易的 15 亿美元。

5.3.3　并购融资方式评述

第一，吉利控股集团在集团内部融得资金 41 亿人民币，在保持充足流动性及财务稳健的情况下，自有内部资金节省了外源融资所需支付的成本，降低了融资成本。吉利控股集团可以将自有资金用于支付并购款项，与其 2004 年在中国香港收购圆润控股（后更名为吉利汽车）密切相关。收购后，吉利控股得以借壳上市，在中国香港资本市场融资用于支持吉利控股进行再投资、产品研发及技术改造等提高企业利润的活动。

第二，吉利控股集团获得了来自国内地方政府的融资支持。吉利控股此次并购得到了来自大庆国资委、上海国资委及上海嘉定开发区提供的共计 40 亿人民币（5.88 美元）的股权投资。吉利控股之所以可以获得地方政府的支持，是因为吉利控股倾向于在多地建立汽车生产基地，汽车生产基地的建立可以为地方带来技术和投资、解决就业、增加税收，拉动当地经济的发展。于是，地方政府用土地供给及提供股权融资支持吸引吉利控股来本地投资。可见，私营企业应当与政府建立互利共赢的支持关系，以便在融资方面获得便利。

第三，吉利控股集团在中国建设银行伦敦分行获得 2 亿美元的低息贷款。在国有银行的海外分支机构获得贷款，与吉利控股作为大型民企，具有资产负债率较低、经营管理较为规范、经营业绩良好等优质的特性有关。也与此次并购交易本身作为汽车行业重大的战略性项目的地位有关，该项目符合政府对自主品牌汽车的扶持政策，在贷款审批中容易获得支持。

第四，吉利控股得到了来自福特汽车 2 亿美元的卖方融资。福特汽车作为本次并购的战略联盟方，按照并购协议，双方仍会在某些领域开展合作，如福特仍将继续提供汽车零部件等硬件支持以及工程支持和信息技术等服务。因此，同卖方在一定领域保持合作也可以获得融资上的便利。

5.4　结　　论

本章从企业微观视角出发以案例的形式分析了实际企业进行跨国并购中采用的缓解信贷融资约束的融资方式，选取了具有代表性的三家企业进行案例分析，即光明食品集团收购英国维他麦的案例、联想集团并购 IBM PC 业务的案例以及吉利控股并购沃尔沃的案例。由于股票市场、证券市场的不发达及银行信贷歧视的存在，中国企业跨国并购过程中，融资渠道单一，融资约束的存在阻碍了企业跨国并购的进程。企业不同融资方式各异，如上案例中成功突破外源融资约束，获得并购融资得以顺利完成并购的企业，其融资经验值得借鉴，主要启示如下：

第一，对于内源融资而言，虽然无须支付利息和费用，可降低融资成本，但内部融资的比例要恰当，以免造成企业资金流动性不足，带来较大的财务风险，对企业并购后的生产经营产生不良影响。光明集团、联想集团及吉利控股均将内部融资比例保持在了合理的范围内。

第二，光明集团、联想集团及吉利控股均受益于中国香港融资平台。在内地资本市场不发达的情况下，中国香港作为国际金融服务中心具备完全市场经济地位，具有良好的融资环境和专业的服务团队，可为中国企业跨国并购融资提供便利。鉴于内地资本市场的种种限制，三家企业均利用中国香港作为融资平台进行了债券融资等资本运作，缓解了自身受到的信贷融资约束。同时，高盛等投资银行也为企业在中国香港进行资本运作，进行融资方案设计等方面提供了专业的服务。

第三，光明集团、联想集团及吉利控股三家企业对自身内部资本市场的运作，减轻了企业受到的外源融资约束的程度。三家企业均拥有控股的专业投资有限公司，这为企业融通资金提供了便利，比如吉利控股拥有的吉利凯盛、吉利万源和吉利兆圆投资有限公司，为吉利控股的资本运作提供了平台和渠道。

第四，光明集团、联想集团及吉利控股三家企业均运用了多种融资方式。虽然作为国有企业的光明集团得到了较多的国家银行信贷融资，但并购融资款项依旧不足，其又利用中国香港融资平台发行债券，进行债券融资。联想集团运用了股权方式融资，获得了全球三大私募股权基金的融资。吉利集团运用了特殊方式融资，获得了来自福特汽车的卖方融资。可见，同时采用多种融资方式，可有效地帮助企业筹集并购资金。

第五，光明集团及联想集团两家企业在债务融资方式下组合运用了多种融资方式。光明集团基于解决短期融资需求及为发行债券寻求时机的原因，运用了高盛集团提供的过桥贷款，之后为获得良好的贷款利率，运用了俱乐部的融资方式。联想集团也综合运用了两种债务融资方式即过桥贷款及银团贷款。因此，合理配置不同债务融资方式的借贷时间及组合方式，可为企业发行债券或为下一步融资提供担保带来便利。

第六，光明集团、联想集团及吉利控股三家企业均不同程度地得到了政府及国有银行的融资支持。三家企业中，光明集团为国有企业，联想集团及吉利控股为大型私营企业，三者的并购项目具有战略性地位，这些特征为获得政府的融资青睐提供了保证。吉利控股尤其得到了地方政府的融资支持，说明并购企业与地方政府开展互利共赢的合作尤其重要。

第6章 结论、政策启示与研究展望

6.1 主 要 结 论

本书重点分析了融资约束对企业跨国并购决策的影响及金融发展通过融资约束路径对企业跨国并购的促进作用，得出了如下结论。

6.1.1 融资约束对跨国并购的影响部分

在分析融资约束对企业跨国并购决策的影响部分，本书将 BVD – Zephyr 跨国并购企业数据库和中国工业企业数据库进行了逐一匹配，构建了包含企业并购年份，并购金额，并购国家，企业基本生产经营和财务信息等的多维数据库。在多维数据的支持下，本书依据异质性贸易理论的框架，基于梅里兹（2003），布赫（2010）的已有研究，通过构建 Probit 及 Poisson 回归模型，将融资约束纳入企业跨国并购决策的分析中，考察了内源融资约束、商业融资约束及外源融资约束对企业跨国并购决策的影响。在此基础之上，我们主要分析了外源融资约束对企业跨国并购连续并购、首次并购及并购次数的影响，并根据企业的所有制性质及行业类型进一步展开研究，最后针对模型中可能存在的内生性问题，本书采用外源融资约束指标的滞后一期项及流动性比率进行了稳健性检验。本书在如上关于外源融资约束对企业跨国行为影响的研究中，主要得出了如下结论：

第一，在基本回归中，我们验证了制约企业进行跨国并购的主要是外源融资约束，内源融资约束及商业融资约束并没有体现出对企业跨国并购决策的显著影响。因此，在下文中我们主要分析了外源融资约束对企业跨国并购决策的影响，在逐步加入控制变量的情况下，外源融资约束的估计系数显著为正，这证明了我们的预期，即企业受到的外源融资约束越低，融资能力越强，企业进行跨国并购的可能性越高。

第二，在扩展研究中，我们分析了融资约束对企业首次跨国并购及企业跨国并购次数的影响。在验证融资约束对企业首次跨国并购的影响时，我们依旧沿用 Probit 模型，但在分析融资约束对企业跨国并购次数的影响时，我们将企业跨国并购次数作为被解释变量，采用了 Poisson 模型加以研究。结论显示，与外源融资约束对企业每次跨国并购的影响相比，外源融资约束对企业首次跨国并购的估计系数数值更大，显著性也更高，说明外源融资约束对企业首次跨国并购的影响要更为明显，企业外源融资能力的增强可以显著提高企业进行首次跨国并购的可能性。这与我们的预期相符合，因为企业首次进行跨国并购面临更高的成本。在对企业跨国并购次数的研究上，回归结果显示外源融资约束影响十分显著，这表明企业的外源融资能力越强，受到的外源融资约束越小，企业进行跨国并购的次数也越多。这与我们的预期一致，多次进行跨国并购的企业，更容易面临融资抑制问题，需要的融资支持也就越多。

第三，企业进行跨国并购对外源融资的依赖程度在不同的所有制及不同行业之间可能存在明显差别。我们将外源融资约束对不同所有制的影响聚焦于国有企业、私营企业及外资企业，回归结果显示，外源融资约束对私营企业跨国并购影响显著，而国有企业和外资企业的估计系数并不显著。这说明外源融资约束显著抑制了私营企业的跨国并购，外源融资能力的增强则能够提高私营企业跨国并购的可能性，外源融资约束对国有企业和外资企业的跨国并购并没有显著的影响，这与我们的预期一致。因为国有企业及外资企业在所有制信贷歧视中处于优势地位，他们的外源融资渠道比较畅通，而私营企业是信贷按所有制次序分配中受到歧视的一方，其跨国并购决策容易受到外源融资的限制。在研究外源融资约束对不同行业影响的回归分析中，我们主要分析了进行跨国并购的企业所集中的主要行业，即轻工业、化工业、机械制造业以及冶炼业。结论表明，机械业和冶炼业是受到外源融资约束程度比较高的行业，外源融资约束的缓解将显著促进机械业和冶炼业的跨国并购可能性。这可能是由于机械业和冶炼业所并购的国外企业较为庞大，所需融资数额较大且还款周期较长，银行并不倾向于给此类行业提供融资。

第四，由于可能存在的控制变量遗漏问题及银行在选择对企业进行融资支持时的双向因果关系问题，模型有可能产生内生性问题。因此，我们将采用外源融资约束的滞后一期及流动性比率作为被解释变量进行稳健性检验。外源融资约束滞后一期项的回归结果显示，其能显著影响企业的跨国并购决策，企业的外源融资能力越强，受到的外源融资约束越小，企业进行跨国并购的可能性就越大。流动性比率的回归结果显示，流动性比率的估计系数为正且显著，说明企业的流动性比率越高，受到的外源融资约束程度越低，企业进行跨国并购的可能性也越高。两次回归中，估计模型中其他控制变量的估计系数及显著性也基本未发生变化，充分验证了模型和结论稳健可靠。

6.1.2 金融发展对跨国并购的影响部分

在分析金融发展对跨国并购的影响部分，在 BVD－Zephyr 跨国并购企业数据库及中国工业企业数据库基础上，我们纳入了省份金融发展数据进行匹配，构建了包含企业并购年份，并购金额，并购国家，企业基本生产经营、财务信息及省份金融发展指标等的多维数据库，借鉴梅里兹（2003），巴克（2003）及布赫等（2010）等的已有研究，我们将金融发展及融资约束因素纳入企业跨国并购决策的分析中，通过构建Probit 回归模型，检验了金融发展三个维度（金融规模、金融结构及金融效率）通过缓解外源融资约束的路径对跨国并购的促进作用。我们首先实证检验了金融发展对企业跨国并购的影响，以预先判断金融发展对企业跨国并购正影响效应的存在；其次我们分析了金融发展同外源融资约束交叉项对企业跨国并购的影响，以验证金融发展通过缓解外源融资约束的路径对跨国并购的促进作用；最后就金融发展通过缓解外源融资约束路径从而促进企业进行跨国并购的机制进行更细致的扩展性研究，这包括分所有制研究、分行业研究、分生产率研究、分规模研究、分外源融资依赖度研究以及稳健性检验。本书在如上对金融发展通过缓解外源融资约束路径从而促进企业进行跨国并购的机制研究中，主要得出了如下结论：

第一，在基本回归中，我们初步验证了金融发展三个维度对跨国并购的影响。在逐步加入控制变量的情况下，我们发现金融规模指标、金融结构指标及金融效率指标估计系数的符号均为正且通过了显著性检验，这意味着金融规模的扩张、金融结构的优化以及金融效率的提升将显著提高企业进行跨国并购的可能性。因此，我们进一步检验了金融发展是否通过缓解外源融资约束的路径，从而提高企业进行跨国并购的可能性。这种机制通过金融发展三个指标与外源融资约束的交叉项来检验。回归结果显示，在逐步加入控制变量的情况下，金融规模指标与外源融资约束交叉项、金融结构指标与外源融资约束交叉项及金融效率指标与外源融资约束交叉项估计系数的符号均为正且通过了显著性检验，这意味着金融规模的扩张、金融结构的优化以及金融效率的提高将显著缓解企业面临的外源融资约束，从而提高了企业进行跨国并购的可能性。因此，本书的估计结果与预期相符。其中金融效率指标与外源融资约束交叉项的估计系数最大，金融规模指标与外源融资约束交叉项的估计系数居中，金融结构指标与外源融资约束交叉项的估计系数最小，我们可以推测金融效率的提高对企业的外源融资约束的缓解作用最大，从而对企业跨国并购决策的影响最大；金融规模次之；金融结构最后。

第二，金融发展对不同所有制企业外源融资约束的缓解程度存在差别，因此对不同所有制企业的跨国并购决策影响有所不同。在扩展研究中，我们分别考察了金融规模、金融结构及金融效率通过对不同所有制企业外源融资约束的缓解而对不同所有制企业跨国并购行为的影响。实证结果显示，金融体系三个维度的发展包括金融规模的扩大、金融结构的优化及金融效率的提升，均可以缓解国有企业及私营企业面临的外源融资约束，从而对跨国并购有显著的促进作用，而对外资企业外源融资约束的缓解没有显著的影响。对国有企业和私营企业来说，其中金融效率指标与外源融资约束交叉项的估计系数最大，金融规模指标与外源融资约束的交叉项估计系数居中，金融结构指标与外源融资约束交叉项的估计系数最小。我们可以推测金融效率的提高对国有企业及私营企业的外源融资约束的缓解作用最大，从而对企业跨国并购决策的影响最大；金融规模次之；金融结构最后。而且，金融规模的扩张及金融效率的提升对私营企业外源融资约束的缓解程度及对其跨国并购可能性的正向影响要大于金融规模的扩张及金融效率的提升对国有企业的相应影响。

第三，本书也验证了金融发展的三个维度（金融规模、金融结构及金融效率）对轻工业、化工业、机械制造业以及冶炼业外源融资约束的缓解程度从而对企业跨国并购决策的影响。实证结果表明金融体系三个维度的发展包括金融规模的扩大、金融结构的优化及金融效率的提升，均可以缓解机械业及冶炼业面临的外源融资约束从而对跨国并购有显著的促进作用，而对化工业和轻工业外源融资约束的缓解没有显著的影响。对机械业和冶炼业来说，其中金融效率指标与外源融资约束交叉项的估计系数最大，金融规模指标与外源融资约束交叉项的估计系数居中，金融结构指标与外源融资约束交叉项的估计系数最小，我们可以推测金融效率的提高对机械业及冶炼业的外源融资约束的缓解作用最大，从而对企业跨国并购决策的影响最大，金融规模次之，金融结构最后。

第四，金融发展可能会因企业生产率的不同，而在通过缓解外源融资约束来促进企业进行跨国并购的可能性上存在差别。回归结果显示金融体系三个维度的发展包括金融规模的扩大、金融结构的优化及金融效率的提升，均可以缓解企业面临的外源融资约束，推动企业生产率的提高，进而促进企业的跨国并购。其中金融效率指标交叉项的估计系数值最大，金融结构指标交叉项的估计系数值居中，金融规模指标交叉项的估计系数值最低，这意味着金融效率的提高对缓解企业面临的外源融资约束，推动企业生产率的增长，进而促进企业跨国并购的作用最强。

第五，金融发展可能会对不同规模企业外源融资约束的缓解程度不同，从而在对其跨国并购的促进作用上存在差别。回归结果显示，随着金融体系三个维度的发展包括金融规模的扩大、金融结构的优化及金融效率的提升，企业的规模越大，融资约束的缓解程度越高，进行跨国并购的可能性越大。其中金融效率指标交叉项的估计系数值最大，金融规模指标交叉项的估计系数值居中，金融结构指标交叉项的估计系数值最低，这意味着金融效率的提高对规模较大的企业面临的外源融资约束的缓解程度比较高，因此推动其进行跨国并购的作用比较强。

第六，外源融资依赖度在行业之间存在差异，那么金融发展对不同行业融资约束缓解的程度应存在不同，对其跨国并购的影响也存在差别。我们对这一机制进行了实证检验，这一机制在回归模型中以金融发展指标同外源融资约束及行业外源融资依赖度的交叉项来表示。回归结果显示，金融体系三个维度的发展包括金融规模的扩大、金融结构的优化及金融效率的提升，都对高外源融资依赖度行业的外源融资约束缓解作用更强，对其跨国并购的可行性影响最大。其中金融效率指标交叉项的估计系数值最大，金融规模指标交叉项的估计系数值居中，金融结构指标交叉项的估计系数值最低，这意味着金融效率的提高对缓解高外源融资依赖度行业企业面临的外源融资约束的影响最大，推动其进行跨国并购的作用最强。

第七，由于模型的控制变量可能存在遗漏，以及金融发展同企业跨国并购行为之间可能存在双向因果关系问题，模型有可能产生内生性。因此，我们将采用三个金融发展指标同外源融资约束交叉项的滞后一期作为被解释变量进行稳健性检验。外源融资约束滞后一期项的回归结果显示，金融规模的扩张、金融结构的优化及金融效率的提高将通过舒缓企业外源融资约束的路径显著促进企业进行跨国并购的结论是可靠的。

6.2 政策启示

在中国企业跨国并购逐年增长的背景下，本书的研究对如何解决中国企业跨国并购中面临的融资约束问题，以更好地促进中国企业"走出去"具有重要的现实意义。本书将从政府层面及企业层面分别提出政策建议。政府层面的建议主要是从完善多层次金融市场体系、构建多层次政策性金融支持体系及放宽跨国并购融资的政策限制这三个方面展开；企业层面的建议主要是从合理构建内部资本市场、搭建多层次企业战略联盟、充分利用境外融资平台、积极寻求地方政府融资支持及灵活运用多种融资方式这五个方面展开。

6.2.1 政府层面

本书的实证研究结论表明金融发展可以通过缓解企业融资约束来提高企业跨国并购的可能性。虽然中国的金融发展已取得成效，但金融体系远非健全，金融市场的改革道路依旧任重道远。具体到与中国企业跨国并购融资的金融支持层面，政府可以从如下三个方面对跨国并购企业提供金融支撑以进一步完善融资服务。

6.2.1.1 完善多层次金融市场体系

作为跨国并购主体的国有企业，主要融资方式为内源融资方式中的自有资金以及外源融资方式中的银行贷款，而在跨国并购中数量逐渐增多的私营企业的主要融资方式为自有资金（江乾坤，2015）。国际资本市场上，企业进行跨国并购已充分利用了银行、股市、债市及基金和保险等债务融资和权益融资方式。而中国只有少数海外上市私营企业及大型国有控股企业运用了股票市场和证券市场进行融资。中国跨国并购企业出现融资渠道狭窄及融资方式单一的局面，与中国金融市场的不健全密切相关。因此，完善多层次金融市场体系，激活多种融资方式，鼓励金融融资工具的创新使用尤为重要。要完善多层次金融市场体系，具体来说：

第一，应该扩大给予跨国并购企业的银行信贷支持，放宽直接融资渠道。对于国家政策性银行，例如国家开发银行和中国进出口银行应当扩大给予跨国并购企业的信贷总额，并逐步消除所有制信贷歧视，除了向国有大型战略性企业跨国并购项目提供信贷支持以外，也应当惠及更多私营企业的跨国并购项目。对于商业银行，2008年12月9日，中国银行监督管理委员会公布了《商业银行并购贷款风险管理指引》，明确允许商业银行办理并购贷款业务，但是商业银行资本充足率等指标必须符合一定的条件，发贷对象并购项目的风险也须在可控范围内，于是商业银行会优先选择信用等级较高的企业。因此，对商业银行发放并购贷款的限制需要进一步放宽。另外，应当鼓励国家政策性银行、商业银行及其他金融机构增加海外分支网点的数量，形成合理的布局，为跨国并购企业在海外融资提供支持。

第二，应当加快股票市场的发展。中国股票市场的规模、结构及效率和管理水平与发达国家成熟的股票市场相比还存在明显的差距，同时法律法规的完备性还需要进一步提高。目前上市公司增发新股和配股的审批时间较长，程序比较复杂，应进一步放宽限制资格，缩减审批程序与时间，提高相应公司运用此方式进行融资的效率。另外应加快与国际股票市场会计准则，监管规则的衔接，提高信息披露的透明度，构建公正高效的股票市场，从而更好发挥其资产定价和资源配置的功能。

第三，应当大力发展债券市场。即应当放宽对发行债券用途的限制，建立企业发行债券融资担保体系，引导发行债券主体向多元化发展，降低对发债规模的限制，鼓励企业以企业债券、中期票据及可转换债券等品种发行债券来降低融资成本，扩大融资规模。

第四，应当鼓励金融市场金融融资工具的创新。借鉴国外成熟市场金融创新的经验，加强对金融工具的开发，将认股权证、垃圾债券及融资票据等新兴金融工具应用到中国企业的跨国并购融资中，以合理配置的金融工具实现低成本高效率的并购融资。

6.2.1.2 构建多层次政策性金融支持体系

构建多层次政策性金融支持体系，除了加强股票市场和债券市场的融资支持功能以外，还应当筹备并购股权基金及加大财政补贴。私募股权基金特别是海外私募股权基金以其雄厚的资本、广泛的融资渠道及专业化的资本运作，已在企业跨国并购融资中发挥出很大作用，联想集团并购 IBM PC 事业部时就得到了全球三大私募股权基金的融资支持。除了鼓励跨国并购企业同海外私募股权基金合作融资以外，也应当积极筹备国内的并购股权基金，可以引导银行、大型企业集团及其他投资机构共同出资，作为跨国并购企业的投融资平台。同时，应当加强对私募股权基金的监管，虽然国家已出台新《中华人民共和国证券投资基金法》及《私募投资基金管理人登记和基金备案办法（试行）》等法律政策，但关于私募股权投资基金的法律法规及退出渠道还应进一步完善。关于对跨国并购企业的财政支持，目前商务部已有"中小企业国际市场开拓资金"等扶持企业进行国际化投资的专项资金，部分省份也已经成立了鼓励企业"走出去"的专项资金，例如浙江省已于 2009 年设立了"走出去"专项资金，对浙江企业为扩展营销渠道、利用目标企业品牌效应及设立研发机构进行跨国并购而产生的支出予以补贴，最高金额为 200 万元，所占份额不超过企业跨国并购投资额的 30%，但是这些资金规模需要进一步扩大，以增加对跨国并购企业融资的支持力度。另外，还可以给予跨国并购企业税收的减免或优惠，以减轻其融资负担。

6.2.1.3 放宽跨国并购融资的政策限制

中国对企业跨国并购的融资设立了比较严格的法律法规，虽然有利于保护投资者和控制风险，但是对企业的跨国并购融资产生了一定程度的限制作用。因此，为确保企业进行跨国并购能拥有充足的资金来源，在监控风险的前提下应逐步放宽跨国并购融资的政策限制。例如，在外汇管理方面，国家外汇管理局已取消境外投资购汇的额度限制，但是企业自有资金从境内母公司流向境外子公司的款项都要经过外汇局的核准，对子公司数量及款项总额都有限制。同时，由于审批标准较高，境外子公司不易获得境内母公司的融资担保。这些管理规则应逐步适当放宽，因其限制了企业集团内部的资金流通，不易于为企业跨国并购融资。在企业进行海外融资方面，政府应放松企业进行海外上市及海外发行股票与债券的限制。

由于中国资本市场相对不成熟，国内 A 股市场的相对封闭，国外企业不认同中国上市公司的股票，这导致企业无法通过换股并购及股票支付等方式融资，增加了企业融资的成本。同时，海外发行人民币债券尚未放开，企业可以申请穆迪、标普及惠誉三大全球信用评级机构的评级，如果企业获得了投资级的主权和债券发行级别，则能够以成本较低的国际债券形式募集资金。因此，在中国资本市场尚不发达的情况下，为便于企业在国际市场上获取跨国并购融资资金，监管部门在监控风险的情况下，应逐步放宽企业海外上市及发行股票债券的准入标准，简化审核程序，使企业可充分利用境外融资平台。

6.2.2　企业层面

短期内，中国金融市场的发展还比较有限，因此，要缓解企业跨国并购中面临的融资约束问题，企业自身还需从如下五个方面增强融资能力。

6.2.2.1　合理构建企业内部资本市场

在目前国内资本市场发展缓慢的情况下，企业应向多元化集团公司模式发展，合理构建企业内部资本市场。内部资本市场的存在便于集团组织成员之间进行内部借贷、内部担保、关联交易及内部资产流动等内部资本配置活动，可以像外部金融机构一样实现集团范围内资本的有效配置。中国目前企业集团内部的资本市场的运作模式，是将集团中优质子公司用于国内外上市融资，从而集团内的非上市母（子）公司可以同上市子公司之间通过资产置换、债务重组、现金股利及产品购销等方式进行资金的融通。在外部资本市场不完善，存在不对称信息及交易成本和风险时，企业集团内部资本市场的存在可以显著缓解外部融资约束。例如，吉利控股在收购沃尔沃汽车的过程中，多次运用吉利汽车及吉利控股的多家投资有限公司的资本运作筹集资金。企业在进行跨国并购过程中，首先使用内部融通资金也遵循了优序融资顺序，而且无须支付利息和费用，有利于降低融资成本，可见，内部资本市场应作为企业跨国并购融资的首选路径。因此，企业集团应出于战略考虑，合理布局集团内的上市公司与非上市公司的比例及海外上市公司与国内上市公司的比例，注重集团公司行业间的相关性与互补性，有效运营内部资本市场作为跨国并购的融资平台。

6.2.2.2 搭建多层次企业战略联盟

企业可以联合同行业企业、上下游企业以及金融机构组成战略联盟，增强整体的融资实力，共享融资资源，共同承担风险。企业与同经济实力对等的行业企业组成战略联盟，在明确股权分配的情况下，可以共同筹集并购资金对国外企业进行联合并购。例如，2010年来自浙江温州的三家民营企业即大江控股集团有限公司、莫顿电气有限公司和浙江杨氏技术咨询有限公司，联合并购了法国著名电涡流缓速器品牌泰乐玛股份有限公司。企业组织战略联盟不应局限于国内企业，也可以与境外企业共同合作，壮大资金实力。例如，2002年，上海电气集团联合美国晨兴集团以各占50%的比例联合收购了日本秋山印刷机械公司。同时，民营企业同国有企业之间的战略合作，民营企业可以依靠国有企业得到政府政策的支持及国有政策性银行的信贷，国有企业可以借助民营企业的"非政府色彩"规避国外政府在矿产和能源领域设置的政治壁垒，而且同民营企业联合往往能以较低的交易价格并购海外企业。企业同金融机构组成战略联盟，金融机构的目的在于获得并购后的投资回报，而企业则可以受益于对方的资金支持及金融服务。例如，联想集团并购IBM PC事业部时与全球三大私募股权基金的合作以及三一重工联合中信产业投资基金对德国工程机械制造企业普茨迈斯特的联合并购。

6.2.2.3 充分利用境外融资平台

目前，中国资本市场还不发达，对于企业发行股票和债券还有诸多限制，同时金融约束政策也比较多，如贷款担保制度及外汇额度的管控及审批。因此，企业可以选择在中国香港、新加坡及美国等地上市，以获取海外市场资金。海外发达国家或地区，金融发展水平比较高，资本市场比较成熟，资金相对充裕，可利用的融资方式及金融工具较多，而且企业在海外上市更容易获得国际资本市场的认可，有利于在跨国并购支付中以股票形式支付，节约流通资金。光明集团、联想集团及吉利控股均在香港拥有上市公司，三者选择香港作为融资平台进行了债券融资等资本运作，规避了内地资本市场的种种限制，缓解了自身受到的信贷融资约束。由于人民币债券在海外尚未放开，企业在利用海外金融市场发行国际债券时，应先主动进行申请穆迪、标普及惠誉三大全球信用评级机构的评级，如果能获得投资级债券发行级别，则能够以较低成本募集资金。另外，企业应多寻求国内银行等金融机构在海外分支网点的融资支持，如果能够获得融资，则可以将海外分支机构给予的融资作为杠杆从目标企业所在国的金融市场获得融资资金。

6.2.2.4　积极寻求地方政府融资支持

企业在跨国并购融资中应积极寻求地方政府的融资支持，地方政府为了促进本地经济的发展，会给予符合地方产业发展战略并能够增强本地经济活力的企业融资支持。地方政府拥有较多的经济资源和社会资源，可以给企业提供财政性补贴，优惠的银行信贷支持或者通过地方政府融资平台给予企业信用担保或股权融资。因此，与地方政府加强战略合作可以解决企业并购资金不足的问题。例如，吉利控股并购沃尔沃汽车时得到了来自大庆国资委、上海国资委及上海嘉定开发区提供的共计 40 亿人民币（5.88 亿美元）的股权投资。吉利控股之所以能够得到地方政府的融资是因为其承诺在两地建立汽车生产基地，刚好符合大庆市构建装备制造产业基地及上海嘉定区设立国际汽车城的战略目标，并可以为地方带来技术和投资、解决就业、增加税收，拉动当地经济的发展。因此，企业可以结合自身行业发展需要与地方政府的产业发展规划，同地方政府建立互利共赢的战略合作关系，以便在融资方面获得便利。在具体的与地方政府合作的跨国并购融资安排中，可以采取股权融资与债务融资的方式。企业与地方政府合作也有助于企业获得国家政策性银行及地方商业银行的信贷融资，并可以在并购项目审批及并购外汇额度管控等方面获得政策上的支持。

6.2.2.5　灵活运用多种融资方式

在进行跨国并购融资时，企业应灵活运用多种融资方式。在进行债务融资时，企业可以吸引多家境内外银行及金融机构的共同参与，从而采用银团贷款或俱乐部融资的方式，借助多家银行及金融机构的资金实力，获得较多的融资份额。如果企业资本运营比较专业，则可以采用俱乐部的融资方式，以节省融资费用，不然企业可以寻找带头银行，运用银团贷款的融资方式，由带头银行专业主导融资事务。如果企业有短期融资需求或等待发行债券的时机，可以采用金融机构提供的过桥贷款。在进行股权融资时，可以借鉴发达国家的经验，引入境内外私募股权基金公司的参与，运用私募股权的融资方式筹集资金。私募股权基金公司一般资本运营经验较为丰富，工作团队专业，更具国际化视野，能够设计比较好的并购与融资支持方案，向母国收购企业提供股权或负债融资，或与各方银行谈判以寻求贷款支持，从而在一定程度上缓解企业进行跨国并购面临的融资约束。例如，联想集团并购 IBM PC 事业部时，就引入全球三大私募股权基金公司共计 3.5 亿美元的战略融资，减少了集团内部融资的比例，舒解了面临的融资约束及可能的财务风险。同时，私募股权基金发行的债券可以不必向证券监管机构进行申报或登记注册，一般只需在发行债券后进行备案。因此，私募股权基金的灵活性及隐蔽性很高，这使得私募股权基金获得高投资回报率的可能性更大，为企业跨国并购融资的意愿也更强烈。另外，在进行跨国并购时，企业可以积极寻求目标企业的卖方融资包括交叉持股、卖方信贷及债转股等形式。如果并购后，买方企业同卖方企业还有业务及战略上的合作，则获得卖方融资的可能性比较大。当目标企业经营不善，卖方急于出售资产时，向买方提供信贷融资的意愿会比较高。卖方采用此种方式可以要求买方支付较高的利息，如果买方到期未成功支付贷款，那么卖方可以收回此资产；买方若按时付清贷款，则可以按照并购协议获得出售资产的相应产权。因此，企业应当灵活高效地运用多种融资方式以满足跨国并购的融资需求。

6.3 不足之处及研究展望

中国企业跨国并购作为中国企业"走出去"的重要组成部分，中国企业跨国并购的融资约束问题值得长期及更深入的研究。需要指出的是，囿于个人研究能力及数据资料获得性的限制，本书的研究仍然存在诸多困难和不足之处，对中国企业跨国并购融资约束问题的研究仍需进一步深入。

第一，本书在研究中试图将目标企业所在国按发展中国家及发达国家进行分类，以期检验东道国金融发展水平对中国企业进行跨国并购的影响，囿于数据的限制，研究并未得以进行。随着中国跨国并购企业数量的增多，在东道国当地信用的建立，中国企业得到东道国金融机构的融资概率有可能会提高，因此，东道国的金融发展水平或许会有益于缓解中国跨国并购企业面临的融资约束。

第二，目前中国金融机构在海外的分支机构呈现逐渐增多的趋势，那么，可以预期此因素也将有利于解决中国跨国并购企业融资难的问题。对中国金融机构在海外的分支机构的数量进行动态检测，研究其对中国跨国并购企业融资约束的影响，是我们需要进一步研究的方向。

第三，本书所进行的实证研究主要基于企业融资理论中的资本市场不完全的假设以及扩展的异质性企业贸易理论模型，扩展的异质性企业贸易理论模型主要关注了企业的出口行为与对外直接投资行为，并未深入对跨国并购行为的特别分析，尤其是对发展中国家跨国并购行为的微观研究。囿于笔者能力所限，并未找到及构建出更适合中国企业跨国并购分析的理论模型，这也是今后努力的方向之一。

第四，本书的研究仅限于对中国工业企业跨国并购融资约束问题的分析，并未涉及服务业。布赫等（2010）的研究对比了服务业跟制造业的区别，发现融资约束对服务业的影响更大。中国服务业企业的跨国并购发展也同样迅速，对中国服务业企业跨国并购融资约束问题进行研究或许也能够得到有益的结论。

参 考 文 献

[1] 阿贾·乔普拉, 李笑然. 融资如何促进生产率提高 [J]. 国际经济评论, 2015 (3): 174 - 176.

[2] 陈恩, 王方方, 扶涛. 企业生产率与中国对外直接投资相关性研究——基于省际动态面板模型的实证分析 [J]. 经济问题, 2012 (1): 58 - 63.

[3] 陈磊, 宋丽丽. 金融发展与制造业出口的二元边际——基于新新贸易理论的实证分析 [J]. 南开经济研究, 2011 (4): 67 - 85.

[4] 戴翔. 中国企业 "走出去" 的生产率悖论及其解释——基于行业面板数据的实证分析 [J]. 南开经济研究, 2013 (2): 44 - 59.

[5] 樊纲, 王小鲁, 朱恒鹏. 中国市场化指数——各地区市场化相对进程 2011 年报告 [M]. 北京: 经济科学出版社, 2011.

[6] 葛顺奇, 罗伟. 中国制造业企业对外直接投资和母公司竞争优势 [J]. 管理世界, 2013 (6): 28 - 42.

[7] 宫旭红, 任颎. 融资约束、信贷支持与民营企业对外直接投资 [J]. 产业经济研究, 2017 (5): 25 - 37.

[8] 顾露露, Robert, Reed. 中国企业海外并购失败了吗? [J]. 经济研究, 2011 (7): 116 - 129.

[9] 郭杰, 肖善. 企业跨国并购问题分析 [M]. 北京: 中国三峡出版社, 2004.

[10] 韩剑, 王静. 中国本土企业为何舍近求远: 基于金融信贷约束的解释 [J]. 世界经济, 2012 (1): 98 - 113.

[11] 韩剑, 张凌. 金融发展、融资依赖与中国工业制成品的出口 [J]. 国际商务 (对外经济贸易大学学报), 2012 (6): 59 - 67.

[12] 韩剑. 垂直型和水平型对外直接投资的生产率门槛——基于中国企业层面微观数据的研究 [J]. 中国经济问题, 2015 (3): 38 - 50.

[13] 何光辉,杨咸月.融资约束对企业生产率的影响——基于系统 GMM 方法的国企与民企差异检验 [J].数量经济技术经济研究,2012 (5):19-35.

[14] 黄静波,黄小兵.异质企业、金融约束与出口——基于中国企业的研究 [J].中山大学学报:社会科学版,2012 (2):181-188.

[15] 黄玖立,冼国明.金融发展、FDI 与中国地区的制造业出口 [J].管理世界,2010 (7):8-17.

[16] 黄志勇,万祥龙,许承明.金融发展对中国对外直接投资的影响——基于省级面板数据的实证分析 [J].世界经济与政治论坛,2015 (1):122-135.

[17] 江乾坤.中国民营企业跨国并购融资创新与风险控制研究 [M].北京:经济科学出版社,2015.

[18] 金碚.债务支付拖欠对当前经济及企业行为的影响 [J].经济研究,2006 (5):13-19.

[19] 李斌,江伟.金融发展、融资约束与企业成长 [J].南开经济研究,2006 (3):68-78.

[20] 李磊,包群.融资约束制约了中国工业企业的对外直接投资吗? [J].财经研究,2015,41 (6):120-131.

[21] 李扬,张涛.中国地区金融生态环境评价 (2008-2009) [M].北京:中国金融出版社,2009.

[22] 李增泉,辛显刚,于旭辉.金融发展、债务融资约束与金字塔结构——来自民营企业集团的证据 [J].管理世界,2008 (1):123-135.

[23] 李志远,余淼杰.生产率、信贷约束与企业出口:基于中国企业层面的分析 [J].经济研究,2013 (6):85-99.

[24] 林玲,李江冰,李青原.金融发展、融资约束与中国本土企业出口绩效——基于省际面板数据的经验研究 [J].世界经济研究,2009 (4):45-50.

[25] 刘莉亚,何彦林,王照飞,等.融资约束会影响中国企业对外直接投资吗?——基于微观视角的理论和实证分析 [J].金融研究,2015 (8):124-140.

[26] 刘小玄，李双杰．制造业企业相对效率的度量和比较及其外生决定因素（2000—2004）[J]．经济学：季刊，2008（3）：843 - 868．

[27] 吕越，盛斌．融资约束是制造业企业出口和 OFDI 的原因吗？——来自中国微观层面的经验证据 [J]．世界经济研究，2015（9）：13 - 21．

[28] 毛毅．融资约束、金融发展与企业出口行为 [J]．山西财经大学学报，2013（4）：9 - 19．

[29] 聂辉华，江艇，杨汝岱．中国工业企业数据库的使用现状和潜在问题 [J]．世界经济，2012（5）：142 - 158．

[30] 饶华春．中国金融发展与企业融资约束的缓解——基于系统广义矩估计的动态面板数据分析 [J]．金融研究，2009（9）：156 - 164．

[31] 沈红波，寇宏，张川．金融发展、融资约束与企业投资的实证研究 [J]．中国工业经济，2010（6）：55 - 60．

[32] 孙灵燕，崔喜君．FDI、融资约束与民营企业出口——基于中国企业层面数据的经验分析 [J]．世界经济研究，2011（1）：60 - 67．

[33] 孙灵燕，李荣林．融资约束限制中国企业出口参与吗？[J]．经济学（季刊），2012（1）：231 - 252．

[34] 汤晓军，张进铭．企业异质性与对外直接投资决策——基于中国制造业百强企业的分析 [J]．江西社会科学，2013（1）：61 - 65．

[35] 田巍，余淼杰．企业生产率和企业"走出去"对外直接投资：基于企业层面数据的实证研究 [J]．经济学（季刊），2012（2）：383 - 408．

[36] 王方方，赵永亮．企业异质性与对外直接投资区位选择——基于广东省企业层面数据的考察 [J]．世界经济研究，2012（2）：64 - 69．

[37] 王伟，孙大超，杨娇辉．金融发展是否能够促进海外直接投资——基于面板分位数的经验分析 [J]．国际贸易问题，2013（9）：120 - 131．

[38] 吴静芳，陈俊颖．影响中国企业跨国并购因素的实证分析——基于 2000 ~ 2005 年上市公司并购案例 [J]．上海经济研究，2008（4）：33 - 40．

[39] 吴晓怡，邵军．金融发展、外部融资约束与出口平稳发

展——基于贸易联系持续期视角的实证研究 [J]. 国际贸易问题，2014 (7)：144 – 154.

[40] 徐清. 金融发展、生产率与中国企业对外直接投资 [D]. 南开大学经济学院，2014.

[41] 徐思，何晓怡，钟凯. "一带一路" 倡议与中国企业融资约束 [J]. 中国工业经济，2019 (7)：155 – 173.

[42] 阳佳余. 融资约束与企业出口行为：基于工业企业数据的经验研究 [J]. 经济学（季刊），2012 (4)：1503 – 1524.

[43] 杨丹辉，渠慎宁. 私募基金参与跨国并购：核心动机、特定优势及其影响 [J]. 中国工业经济，2009 (3)：120 – 129.

[44] 杨连星，张杰，金群. 金融发展、融资约束与企业出口的三元边际 [J]. 国际贸易问题，2015 (4)：95 – 105.

[45] 云鹤，胡剑锋，吕品. 金融效率与经济增长 [J]. 经济学：季刊，2012 (2)：595 – 612.

[46] 战琪. 跨国并购：对市场结构变动及国际资本流动的影响 [D]. 中国社会科学院，2003.

[47] 张成思，刘贯春. 中国实业部门投融资决策机制研究——基于经济政策不确定性和融资约束异质性视角 [J]. 经济研究，2018，53 (12)：51 – 67.

[48] 张建红，卫新江，海柯·艾伯斯. 决定中国企业海外收购成败的因素分析 [J]. 管理世界，2010 (3)：97 – 107.

[49] 张建红，周朝鸿. 中国企业走出去的制度障碍研究——以海外收购为例 [J]. 经济研究，2010 (6)：80 – 91.

[50] 张时坤. 融资约束、金融市场化与企业出口行为 [J]. 管理世界，2018，34 (12)：175 – 176.

[51] 张相伟，龙小宁. 中国境外金融机构促进了对外直接投资吗 [J]. 国际贸易问题，2018 (9)：108 – 120.

[52] 朱红军，何贤杰，陈信元. 金融发展、预算软约束与企业投资 [J]. 会计研究，2006 (10)：64 – 71.

[53] 朱彤，曹珂. 外部融资依赖、金融发展与出口商品结构——基于中国制造业部门的行业分析 [J]. 上海金融，2009 (12)：17 – 21.

[54] Allen F., Qian J., Qian M.. Law, Finance, and Economic

Growth in China [J]. Journal of Financial Economics, 2005, 77 (1): 57 - 116.

[55] Almeida H., Campello M., Weisbach M. S.. The Cash Flow Sensitivity of Cash [J]. Journal of Finance, 2004, 59 (4): 1777 - 1804.

[56] Alshwer A. A., Sibilkov V., Zaiats N. S.. Financial Constraints and the Method of Payment in Mergers and Acquisitions [J]. SSRN Electronic Journal, 2011: 1 - 41.

[57] Amiti M., Weinstein D. E.. Exports and Financial Shocks [J]. Quarterly Journal of Economics, 2011, 126 (4): 1841 - 1877.

[58] Antràs P.. Firms, Contracts, and Trade Structure [J]. Nber Working Papers, 2003, 118 (4): 1375 - 1418.

[59] Asli Demirgüç - Kunt. Maksimovic, Funding Growth in Bank-based and Market Based Financial Systems: Evidence from Firm - Level Data [J]. Journal of Financial Economics, 2002, 65 (3): 337 - 363.

[60] Ayyagari M., Demirgüç - Kunt A., Maksimovic V.. Formal Versus Informal Finance: Evidence from China [J]. Review of Financial Studies, 2010, 23 (8): 3048 - 3097.

[61] Beck T., Levine R., Loayza N.. Finance and the Sources of Growth [J]. Journal of Financial Economics, 2000, 58 (1): 261 - 300.

[62] Beck T.. Financial Dependence and International Trade [J]. Review of International Economics, 2003, 11 (2): 296 - 316.

[63] Becker B., Chen J., Greenberg D.. Financial Development, Fixed Costs, and International Trade [J]. Review of Corporate Finance Studies, 2013, 2 (1): 1 - 28.

[64] Bellone F., Musso P., Nesta L., et al. Financial Constraints and Firm Export Behaviour [J]. The World Economy, 2010, 33 (3): 347 - 373.

[65] Berman N., Héricourt J.. Financial Factors and the Margins of Trade: Evidence from Cross-country Firm-level Data [J]. Journal of Development Economics, 2010, 93 (2): 206 - 217.

[66] Blomstrom M., Lipsey R. E.. Firm Size and Foreign Direct Investment [J]. Nber Working Papers, 1986.

［67］ Boateng A. , Wang Q. , Yang T. . Cross-border M&As by Chinese Firms: An Analysis of Strategic Motives and Performance ［J］. Thunderbird International Business Review, 2008, 50 (4): 259 – 270.

［68］ Buch C. M. , Kesternich I. , Lipponer A. , et al. Financial Constraints and Foreign Direct Investment: Firm-level Evidence ［J］. Review of World Economics, 2014, 272 (2): 393 – 420.

［69］ Buch, Claudia M. . and Kesternich, Iris and Lipponer, Alexander and Schnitzer, Monika, Exports Versus FDI Revisited: Does Finance Matter? ［R］. CEPR Discussion Paper 2010, No. DP7839.

［70］ Buckley P. J. , Clegg J. , Wang C. . Is the Relationship Between Inward FDI and Spillover Effects Linear? An Empirical Examination of the Case of China ［J］. Journal of International Business Studies, 2007, 38 (3): 447 – 459.

［71］ Chan J. M. L. , Manova K. . Financial Development and the Choice of Trade Partners ［J］. Journal of Development Economics, 2015, 116 (13): 122 – 145.

［72］ Chaney T. . Liquidity Constrained Exporters. (University of Chicago, Unpublished) ［J］. 2005.

［73］ Chaney T. . Liquidity Constrained Exporters ［R］. National Bureau of Economic Research Working Paper Series No. w19170, 2013.

［74］ Chen M. , Guariglia A. . Internal Financial Constraints and Firm Productivity in China: Do Liquidity and Export Behavior Make a Difference? ［J］. Journal of Comparative Economics, 2013, 41 (4): 1123 – 1140.

［75］ Chen Y. R. , Huang Y. L. , Chen C. N. . Financing Constraints, Ownership Control, and Cross – Border M&As: Evidence from Nine East Asian Economies ［J］. Corporate Governance an International Review, 2009, 17 (6): 665 – 680.

［76］ Claessens S. , Laeven L. . Financial Development, Property Rights, and Growth ［J］. Journal of Finance, 2002, 58 (6): 2401 – 2436.

［77］ Claessens S. , Tzioumis K. . Measuring Firms' Access to Finance ［J］. World Bank, 2006.

[78] Cull R. , Xu L. C. , Zhu T. . Formal Finance and Trade Credit During China's Transition [J]. Journal of Financial Intermediation, 2007, 18 (2): 173 - 192.

[79] Deng P. . Investing for Strategic Resources and its Rationale: The Case of Outward FDI from Chinese Companies [J]. Business Horizons, 2007, 50 (1): 71 - 81.

[80] Djankov S. . Employment Laws in Developing Countries [J]. Journal of Comparative Economics, 2009, 37 (1): 3 - 13.

[81] Du J. , Girma S. . Finance and Firm Export in China [J]. Kyklos, 2007, 60 (1): 37 - 54.

[82] Engemann M. , Eck K. , Schnitzer M. Why Firms Prefer Trade Credits over Bank Credits in International Trade [R]. BGPE Discussion Paper (108), 2011.

[83] Espanol P. . Exports, Sunk Costs and Financial Restrictions in Argentina during the 1990s [J]. Asclepio; Archivo Iberoamericano De Historia De La Medicina y Antropología Médica, 2007, 56 (1): 273 - 275.

[84] Fazzari S. M. , Hubbard R. G. , Petersen B. C. , et al. Financing Constraints and Corporate Investment [J]. Brookings Papers on Economic Activity, 1988, 1988 (1): 141 - 206.

[85] Feenstra R. C. , Li Z. , Yu M. . Exports and Credit Constraints under Incomplete Information: Theory and Evidence from China [J]. Review of Economics & Statistics, 2011, 96 (4): 729 - 744.

[86] Froot K. A. , Stein J. C. . Exchange Rates and Foreign Direct Investment: An Imperfect Capital Markets Approach [J]. Nber Working Papers, 1992, 106 (4): 1191 - 1217.

[87] Gatti R. , Love I. . Does Access to Credit Improve Productivity? Evidence from Bulgarian Firms [J]. Economics of Transition, 2008, 16 (3): 445 - 465.

[88] Giovanni F. , Liu L. . Honor Thy Creditors Beforan Thy Shareholders: Are the Profits of Chinese State - Owned Enterprises Real? [J]. Asian Economic Papers, 2009, 9 (3): 50 - 71.

[89] Giovanni, J. , 2005, What Drives Capital Flows? The Case of

Cross-border M&A Activity and Financial Deepening. Journal of International Economics, 65 (1): 127 – 149.

[90] Goldsmith R. Financial Structure and Economic Development [M]. New Haven: Yale University Press, 1969.

[91] Greenaway D., Guariglia A., Kneller R. Financial Factors and Exporting Decisions [J]. Journal of International Economics, 2007, 73 (2): 377 – 395.

[92] Helpman E., Melitz M. J., Yeaple S. R.. Export Versus FDI with Heterogeneous Firms [J]. American Economic Review, 2004, 94 (1): 300 – 316.

[93] Hemerling J., Michael D., Michaelis H.. China's Global Challengers: The Strategic Implications of Chinese Outbound M&A [J]. Boston Consulting Group, 2006.

[94] Hyun H. J., Kim H. H.. The Determinants of Cross-border M&As: The Role of Institutions and Financial Development in the Gravity Model [J]. The World Economy, 2010, 33 (2): 292 – 310.

[95] Jongwanich J., Brooks D. H., Kohpaiboon A.. Cross-border Mergers and Acquisitions and Financial Development: Evidence from Emerging Asia [J]. Asian Economic Journal, 2013, 27 (3): 265 – 284.

[96] Kaplan S. N., Zingales L.. Do Investment-cash Flow Sensitivities Provide Useful Measures of Financing Constraints? Quarterly Journal of Economics [J]. Quarterly Journal of Economics, 1997, 112 (1): 169 – 215.

[97] Karl P. Sauvant, Wolfgang A. Maschek, Geraldine McAllister. Foreign Direct Investment by Emerging Market Multinational Enterprises, the Impact of the Financial Crisis and Recession, and Challenges Ahead [J]. Journal of WTO and China, 2011 (1): 3 – 30.

[98] Khurana I. K., Martin X., Pereira R.. Financial Development and the Cash Flow Sensitivity of Cash [J]. Journal of Financial and Quantitative Analysis, 2006, 41 (4): 787 – 808.

[99] Klein M. W., Rosengren E. S.. Troubled Banks, Impaired Foreign Direct Investment: The Role of Relative Access to Credit [J]. Nber Working Papers, 2000, 92 (3): 664 – 682.

145

[100] Levine R.. Bank-based or Market-based Financial Systems: Which is Better? [J]. Journal of Financial Intermediation, 2002, 11 (4): 398 – 428.

[101] Levine R.. Financial Development and Economic Growth: Views and Agenda [J]. Journal of Economic Literature, 1997, 35 (2): 688 – 726.

[102] Li Zhiyuan, Yu Miaojie. Exports, Productivity, and Credit Constraints: A Firm-level Empirical Investigation of China [J]. Social Science Electronic Publishing, 2009.

[103] Liu X., Buck T.. Innovation Performance and Channels for International Technology Spillovers: Evidence from Chinese High-tech Industries [J]. Research Policy, 2007, 36 (3): 355 – 366.

[104] Love I.. Financial Development and Financing Constraints: International Evidence from the Structural Investment Model [J]. Review of Financial Studies, 2003, 16 (3): 765 – 791.

[105] Luedi T.. China's Track Record in M&A: China's Companies are Expanding the Focus of Their Outbound M&A, but so far they have struggled to create value [J]. McKinsey Quarterly, 2008 (3): 75.

[106] Luo Y., Xue Q., Han B.. How Emerging Market Governments Promote Outward FDI: Experience from China [J]. Journal of World Business, 2010, 45 (1): 68 – 79.

[107] Manova K.. Credit Constraints, Equity Market Liberalizations and International Trade [J]. Journal of International Economics, 2008, 76 (1): 33 – 47.

[108] Manova K., Wei S. J., Zhang Z.. Firm Exports and Multinational Activity under Credit Constraints [R]. National Bureau of Economic Research Working Papers Series No. 16905, 2011.

[109] McKinnon R. I.. Money and Capital in Economic Development [M]. Brookings Institution Press, 1973.

[110] Melitz M. J.. The Impact of Trade on Intra-Industry Reallocations and Aggregate Industry Productivity [J]. Econometrica, 2003, 71 (6): 1695 – 1725.

[111] Merton R. C. , Bodie Z. . A Conceptual Framework for Analyzing the Financial System [J]. The global financial system: A functional perspective, 1995: 3 – 31.

[112] Modigliani F. , Miller M. H. . The Cost of Capital, Corporation Finance and the Theory of Investment [J]. The American Economic Review, 1958, 48 (3): 261 – 297.

[113] Moreno – Badia M. , Slootmaekers V. . The Missing Link between Financial Constraints and Productivity, International Monetary Fund [R]. Working Paper No. WP/09/72, 2009.

[114] Myers S. C. , Majluf N. S. . Corporate Financing and Investment Decisions when Firms Have Information that Investors Do not Have [J]. Journal of Financial Economics, 1984, 13 (2): 187 – 221.

[115] Naughton B. . The Chinese Economy: Transitions and Growth [M]. MIT Press, 2007.

[116] Newburry W. , Gardberg N. A. , Belkin L. Y. . Organizational Attractiveness in the Eye of the Beholder: The Interaction of Demographic Characteristics with Foreignness [J]. Journal of International Business Studies, 2006, 37 (5): 666 – 686.

[117] Oldenski L. . Export Versus FDI and the Communication of Complex Information [J]. Journal of International Economics, 2012, 87 (2): 312 – 322.

[118] Petersen M. A. , Rajan R. G. . The Benefits of Lending Relationships: Evidence from Small Business Data [J]. Journal of Finance, 1994, 49 (1): 3 – 37.

[119] Poncet S. , Steingress W. , Vandenbussche H. . Financial Constraints in China: Firm-level Evidence [J]. China Economic Review, 2010, 21 (3): 411 – 422.

[120] Povel P. , Raith M. . Financial Constraints and Product Market Competition: Ex ante vs. expost incentives [J]. Ssrn Electronic Journal, 2004, 22 (7): 917 – 949.

[121] Rajan R. G. , Zingales L. . Financial Dependence and Growth [J]. American Economic Review, 1998, 88 (3): 559 – 586.

[122] Rossi S. , Volpin P. F. . Cross-country Determinants of Mergers and Acquisitions [J]. Journal of Financial Economics, 2004, 74 (2): 277 - 304.

[123] Rui H. , Yip G. S. . Foreign Acquisitions by Chinese Firms: A Strategic Intent Perspective [J]. Journal of World Business, 2008, 43 (2): 213 - 226.

[124] Schiantarelli F. , Sembenelli A. . The Maturity Structure of Debt: Determinants and Effects on Firms' Performance? Evidence from the United Kingdom and Italy [J]. Evidence from the United Kingdom and Italy (January 1997). World Bank Policy Research Working Paper, 1997 (1699).

[125] Schüler - Zhou Y. , Schüller M. . The Internationalization of Chinese Companies: What Do Official Statistics Tell us about Chinese Outward Foreign Direct Investment? [J]. Chinese Management Studies, 2009, 3 (1): 25 - 42.

[126] Schüller M. , Yun S. . The Internationalization of Chinese Companies: What Do Official Statistics Tell us about Chinese Outward Foreign Direct Investment? [J]. Chinese Management Studies, 2009, 3 (1): 25 - 42 (18).

[127] Shaw E. S. . Financial Deepening and Economic Development [M]. New York: Oxford University Press, 1973.

[128] Stoian C. . Extending Dunning's Investment Development Pa-th: The Role of Home Country Institutional Determinants in Explaining Outward Foreign Direct Investment [J]. International Business Review, 2013, 22 (3): 615 - 637.

[129] Sun S. L. , Peng M. W. , Ren B. , et al. A Comparative Ownership Advantage Framework for Cross-border M&As: The Rise of Chinese and Indian MNEs [J]. Journal of World Business, 2012, 47 (1): 4 - 16.

[130] Taylor R. . Globalization Strategies of Chinese Companies: Current Developments and Future Prospects [J]. Asian Business & Management, 2002, 1 (2): 209 - 225.

[131] Vasconcellos, G. M. , Kish, R. J. , 1998. Cross-border Mergers and Acquisitions: the European - US Experience. Journal of Multinational

Financial Management 8 （4）, 431 – 450 （November）.

［132］ Wang Y. , Cheng L. , Wang H. , et al. Institutional Quality, Financial Development and OFDI ［J］. Pacific Science Review, 2014 （16）: 127 – 132.

［133］ Wei Z. . The Literature on Chinese Outward FDI ［J］. Multina-tional Business Review, 2010, 18 （3）: 73 – 112.

［134］ Zhang J. , Zhou C. , Ebbers H. . Completion of Chinese Over-seas Acquisitions: Institutional Perspectives and Evidence ［J］. International Business Review, 2011, 20 （2）: 226 – 238.